古事記と出雲と銅鐸の謎

通説を疑う

坂口 進
Sakaguchi Susumu

文芸社

はじめに

『古事記』と『日本書紀』は、しばしば「記紀」、あるいは「記紀神話」などと一括して論じられるが、その一方で、両者の記述には大小さまざまな相違が認められることも、従来から多くの先生方によって指摘されている。しかしながら、その相違に関して明快な説明はされていないと思う。

説明されない主な原因は、〝『古事記』も『日本書紀』も、大和王朝が編纂した〟という固定観念にあるのではないだろうか。この〝常識〟に縛られて袋小路から抜け出せず、数々の謎が解決されないままになっているのではないだろうか。

〝『古事記』は、大和王朝が編纂した書物ではない。それは、「正史」として編纂された勝者の歴史書『日本書紀』に対峙して、あからさまに書き記すことが許されない敗者の側が、さまざまな迷彩を施して書き残した「敗者の書」だ〟というのが私の〝非常識な〟考えである。

いきなり結論めいたことになったが、そのように考えれば、いくつかの謎が解けそうだ。

おことわり

（1）引用した原文については、読みやすくするため、旧字、旧かなづかいを、できるだけ新字、現代かなづかいにしました。

（2）煩雑になるのを避けるため、失礼ながら、引用させていただいた著者の方々の敬称を省略しました。

（3）天皇名については、簡潔に二字の漢風諡号で表記しました。

目次

第四章　アヂスキタカヒコネの怒り

第一章

黄泉の国の八雷神

（1）八雷神

高天原《たかまのはら》から、伊邪那岐《いざなぎ》命と伊邪那美《いざなみ》命の二神が天降って、淡路島をはじめ、四国や九州、その他の国々の生成を行った。

国々の生成が終わった後に、数々の神々の生成を行ったが、最後に、火の神である火之《ひの》迦具土《かぐつち》神を生んだために、伊邪那美命は大火傷を負い、それがもとで、ついに死んでしまう。

嘆き悲しんだ伊邪那岐命は、伊邪那美命を連れ戻そうと黄泉《よみ》の国に行くが、湯津津間櫛《ゆつつまぐし》の男柱《おばしら》を一つ取り欠いて火を灯し、そこに見たのは、蛆《うじ》がたかり、頭には大雷《おおいかづち》、胸には火雷《ほのいかづち》、腹には黒雷《くろいかづち》、陰には折雷《さきいかづち》、左の手には若雷《わかいかづち》、右の手には土雷《つちいかづち》、左の足には鳴《なり》雷《いかづち》、右の足には伏雷《ふしいかづち》、合わせて八つの雷神がとりついた伊邪那美命の姿であった。

黄泉の国を訪れる直前に、伊邪那岐命は、悲しみと怒りのあまり、伊邪那美命が死ぬ原因となった迦具土神を斬り殺している。

殺された迦具土神の遺骸から、頭には正鹿山津見神《まさかやまつみ》、胸には淤縢山津見神《おど》、腹には奥山《おく》津見神、陰には闇山津見神《くら》、左の手には志藝山津見神《しぎ》、右の手には羽山津見神《は》、左の足には原山津見神《はら》、右の足には戸山津見神《と》、合わせて八柱の神が生じた。

私は前著『古事記の迷彩』で、この八柱の神々の名前に「五羽の鳥の名前」「五行の色」「ある人物の名前」が織り込まれており、その人物に対する呪詛のメッセージが隠されているという謎解きを行った。

前著で詳しく論述したので、表に整理したもののみを掲載し、説明は省略して、結論だけを記すと、その呪詛のメッセージとは、「藤原不比等に怨《うら》みを込めて、死を与え、バラバラにして逆さまにドロの中に投げ入れて闇に沈め、唾を吐きかけて、鬨《とき》の声を上げる」であった。

八つの雷神がとりついていた伊邪那美命の各部位は、「頭・胸・腹・陰・左手・右手・左足・右足」である。そして、八柱の神が生じた迦具土神の遺骸の各部位も、「頭・胸・腹・陰・左手・右手・左足・右足」であった。

部位	頭	胸	腹	陰	左手
神の名前	正《まさ》鹿《か》山《やま》津《つ》見《み》神	淤《お》縢《ど》山津見神	奥《おく》山津見神	闇《くら》山津見神	志《し》藝《ぎ》山津見神
鳥の名前		縢《かがり》→雁《かり》	奥《おう》→鴦《おう》 ← 鴛鴦《おしどり》		鴫《しぎ》
五行の色			奥《おう》→黄《おう》	見えず、声《せい》のみ せい→青	腹側の羽毛の色→白
人の名前		縢《とう》→藤《とう》		見えず＝不見 ← 不	
備考	山積み→山・山 ← 艮《ごん》（艮為山） 正鹿《ろく》→（六五） 象伝「言有序」	淤＝どろ、かす 雁《かり》→刈《か》り	鴛鴦《えんおう》← 怨《えん》	闇の世界	死《し》き

右手	羽《は》山津見神			羽→比（倒置）	比をさかさまにする
左足	原《はら》山津見神	原《げん》→玄《げん》鳥（つばめ）	原《げん》→玄《げん》→黒	原	つばめ→唾《つば》
右足	戸《と》山津見神	との鳥→とき 鴇《とき》、朱鷺《とき》	朱鷺《とき》→赤	戸《と》→等《と》	とき→鬨《とき》

八雷神がとりついていた各部位と八柱の神々が生じた各部位は、頭から右足まですべて一致している。このことは、八雷神の名前の中にも、八柱の神々の名前に織り込まれていたものと同様のメッセージが隠されているのではないかと予想される。

本章では、この謎解きに取り組んでみたい。

（2）五行

謎を解く鍵の一つは、「五行」である。

「五行説」は、古代中国の思想で、万物を生成、構成するとされる五つの元素（木・火・土・金・水）を「五行」といい、宇宙、人生等のすべてを五行の働きによって説明する。

中国の戦国時代以後、特に漢代に陰陽説と結合して、陰陽五行説となり盛んになった。

また、「五行」はそれぞれ、方角、色、季節などにあてられる。

	方角	色	季節	四神
木	東	青	春	青竜
火	南	赤	夏	朱雀
土	中央	黄	（土用）	
金	西	白	秋	白虎
水	北	黒	冬	玄武

八卦・五行・十二支の方位

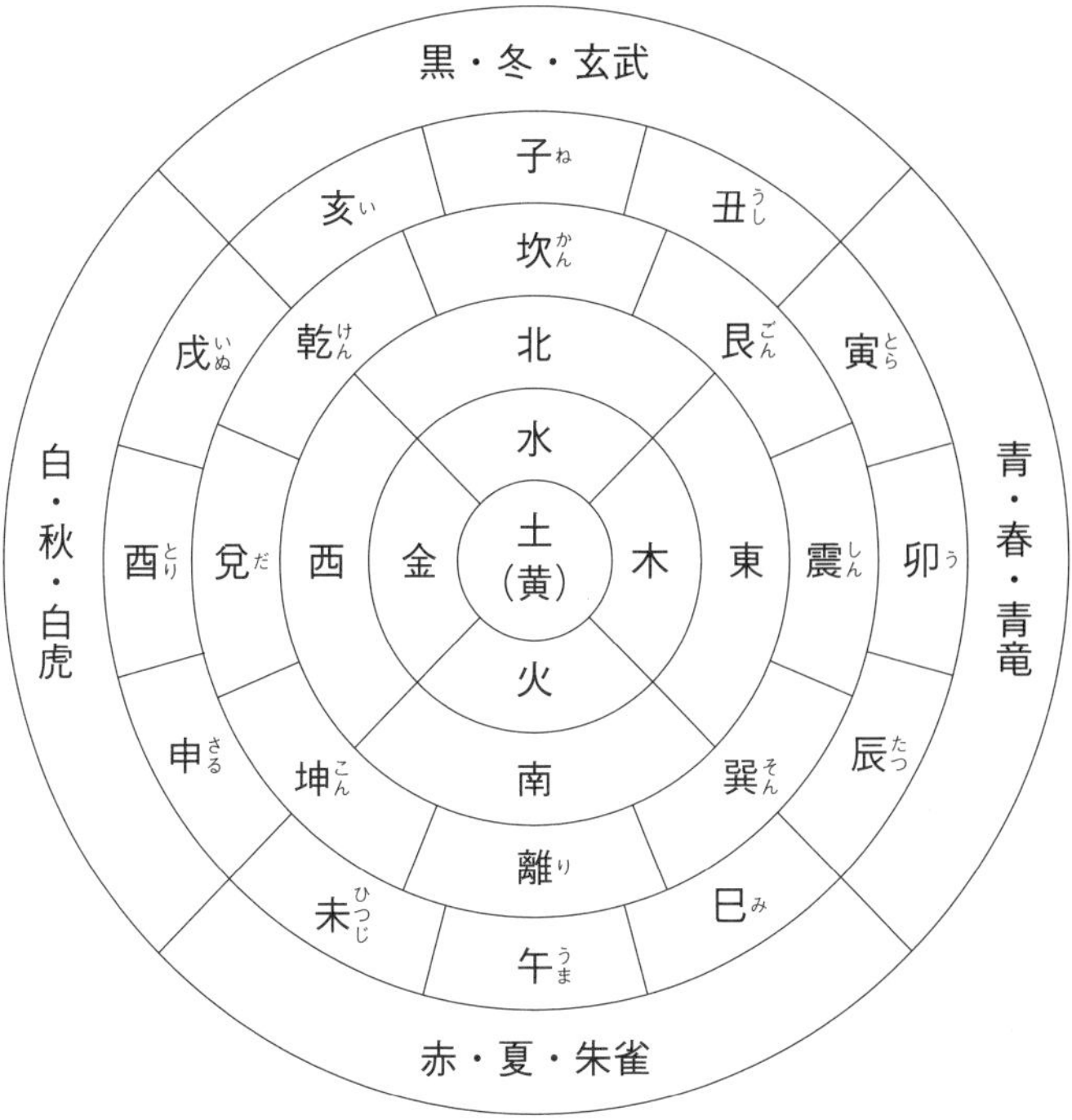

黒・冬・玄武
子《ね》
丑《うし》
寅《とら》
卯《う》
辰《たつ》
巳《み》
午《うま》
未《ひつじ》
申《さる》
酉《とり》
戌《いぬ》
亥《い》
坎《かん》
艮《ごん》
震《しん》
巽《そん》
離《り》
坤《こん》
兌《だ》
乾《けん》
北
東
南
西
水
木
火
金
土
(黄)
青・春・青竜
赤・夏・朱雀
白・秋・白虎

なお、『古事記』の「序」に、「二気の正しきに乗り、五行の序を齊《ととの》へ」との文言が書かれている。これは『古事記』の解読のための大きなヒントになっている。

（3）八十神

謎を解くもう一つの鍵は「八十神《やそ》」である。『古事記』に書かれている「稲羽《いなば》の素兎《しろうさぎ》」のお話の主役として登場する「大国主神《おおくにぬし》」はよく知られ、親しまれているが、この説話の悪役として登場するのが「八十神」である。

よく知られた説話であるが、念のために、あらすじを書いておく。

因幡《いなば》の国に、八上比売《やがみひめ》という美しい娘がいた。八十神たちは、その娘を娶ろうと、そろって因幡に向かい、荷物を大きな袋に入れて、大国主神に背負わせて一緒に連れて行った。一同が気多《けた》の岬に来たとき、毛を剥《は》がれて、丸はだかにされた兎が泣きながら横たわっていた。

意地悪な八十神たちは、兎にこう教えた。

「海の水を浴《あ》びて、風に吹かれながら、高い山の尾根で寝ておれ」

教えられたとおり、兎は海水を浴び、風に吹かれていたが、塩が乾くとともに皮が裂け、痛くて痛くてたまらない。泣いていると、あとから通りかかった大国主神が、泣いているわけを兎に聞いた。兎が答えて、「私は隠岐《おき》島にいましたが、こちら側に渡りたいと思い、鮫をだまして、島からこちら側まで並ばせ、その上を走って来ました。もうすこしのところまで来て、思わず『おまえたちはだまされたんだよ』と言ってしまったので、最後にいた鮫に捕まり、毛を剥《は》がれてしまいました。先に行かれた八十神が、『海水を浴びて、風に吹かれて寝ておれ』と教えたので、そのとおりにしていましたら、ますます痛くなって、たまらずに泣いていたのです」

それを聞いた大国主神は、「真水で身体を洗い、蒲の穂を採ってその上に寝ておれ」と教えた。大国主神に教えられたとおりにして兎の身体はもとどおり回復した。

たわいのない話である。「なんで、こんなたわいのない童話が、歴史書の『古事記』に書かれているのだ?」と思わせるが、実は、この説話は、単なる童話だけではなく、「蒲《かま》鉾《ぼこ》づくり」、「瓦づくり」、そして「戦い」の四つの話が織り込まれていることを前著で述べた。

前著に詳しく書いたので割愛するが、この話のように八十神は意地悪な敵役である。また、八十神たちと大国主神は兄弟とされているが、八十神たちと大国主神との仲は非常に険悪である。

『古事記』に書かれている話では、八十神たちは大国主神を殺そうと相談して、大国主神を山に誘い出し、こう言った。

「赤い猪が、この山にいる。俺たちが追い出すから、下で待ちうけて捕えろ。もしも失敗したらおまえを殺すぞ」

八十神たちは猪に似た大きな石を火で焼いて、転がり落とした。下にいた大国主神は、その石を抱きかかえ、焼け死んでしまった。

幸いなことに、母神が治療して生き返ることができたが、その次には、また山に誘い出し、大きな木の割れ目に楔《くさび》を打ち込んでおいて大国主神をその中に入らせ、楔を抜いて打ち殺した。このときも幸いなことに母神が取り出して治療し、生き返った。

これではたまらないと、逃げ出し、須佐之男命《すさのお》のもとへと行くが、須佐之男命に、「おまえの兄弟たちを坂の尾根に追いつめ、川の瀬に追い払え」と激励される。

大国主神とて、負けてばかりではいられない。

『出雲国風土記』では、大原郡の城名樋山《きなび》に、八十神を伐《う》たんとして城を造り、「八十神は青垣山の裏《うち》に置かじ」と宣言して追い払っている。

「八十」の、「八」と「十」を合成すると、「木」という字になる。「五行」の「木」。東の方角である。

そして、「八」と「十」を、絵画的に合成すると、「朩」。上に向かって飛ぶ鳥の形になる。

「飛《と》ぶ鳥《とり》」は、「飛鳥《あすか》」である。

「八十」とは、「飛鳥王朝」、すなわち、出雲から見て東にある「大和王朝」のことだと思う。

第十二代景行《けいこう》天皇の段に、景行天皇の御子たちのことについて記載しているところがある。倉野憲司校注『古事記』（岩波文庫、以下〔倉野〕と略す）から引用する（脚注は省略する。なお、引用中、大帯日子《おおたらしひこ》天皇は景行天皇のこと、若帯日子《わかたらしひこ》命は第十三代成務天皇のこと、小碓《をうす》命は倭建《やまとたける》命のこと）。

凡《おほよ》そこの大帯日子《の》天皇の御子等、録《しる》せるは廿一王《はたちまりひとばしら》、入れ記さざるは五十九王《いそぢまりここのはしら》、并せて八十王《やそはしら》の中に、若帯日子《の》命と倭建《の》命、また五百木の入日子《の》命と、この三王《みはしら》は、太子《ひつぎのみこ》の名を負ひたまひ、それより餘《ほか》の七十七王《ななそぢまりななはしら》は、悉に国国の国造《くにのみやつこ》、また和気《わけ》、また稲置《いなぎ》、縣主《あがたぬし》に別けたまひき。故、若帯日子命《の》は、天の下治らしめしき。小碓命《の》は、東西《ひむがしにし》の荒ぶる神、また伏《まつろ》はぬ人等《ひとども》を平《ことむ》けたまひき。

御子が八十人とは、いくらなんでも多すぎると思うが、倭建命をはじめとする八十王（＝八十《やそ》軍）によって東西の荒ぶる神、伏《まつろ》わぬ人々を討伐して、大和（飛鳥）王朝の版図拡大をおし進めていったありさまを記しているのだろう。

また、黄泉の国から帰った伊邪那岐命は、「穢《きたな》き国に行ってしまったことだ。禊《みそぎ》をして、身を清めなければ」と言って、筑紫《つくし》の日向の橘《たちばな》の小門《をど》の阿波岐《あはき》原へ行って禊をした。

「上流は流れが速い、下流では弱すぎる」と言って、中ほどのところに潜って身をすすいだときに、穢《けが》らわしい国の汚垢《けがれ》によって、「八十禍津日《やそまがつひ》神」、次に、「大禍津日神」の二神が生まれた。

ケガレから生まれた二神の名前は、「八十《やそ》の禍《わざわい》、大きな禍」である。これは見過ごせない。

「禍」は、白川静著『字統』（平凡社）の説明によれば、「咼《か》は人の死骨に対して呪詛して祈る意の字で、禍はその声義を承ける字である」としている。

（4）隠されたメッセージ

前置きが長くなったが、「五行」と「八十神」の二つを鍵にして、八雷神の名前に隠されたメッセージの謎解きに取りかかりたい。

前半の四つの雷神の名前と、後半の四つはそれぞれ対応している。

わかりやすくするため、前半の四雷神と後半の四雷神を上下二段に書き並べて表にする。

順序	部位	名前	順序	部位	名前	上下の対応の意味
①	頭	大雷	⑤	左手	若雷	大—若 親子
②	胸	火雷	⑥	右手	土雷	火—土 五行（木・火・土・金・水）のうちの「火」と「土」
③	腹	黒雷	⑦	左足	鳴雷	黒⇓五行の「水」 鳴→鳥→西《とり》→西⇓五行の「金」
④	陰	折雷	⑧	右足	伏雷	折・伏 折伏《しゃくぶく》する

前頁の表で、順番にそれぞれの対応関係を見ていく。
①の「大雷」と⑤の「若雷」の対応が親子関係だというのは理解しやすい。時代劇や落語の世界でも、大旦那と若旦那の親子がペアで登場したりする。先に引用した大帯日子（第十二代景行天皇）と若帯日子（第十三代成務天皇）も親子である。それでは、大雷と若雷が表わそうとしている親子とは、誰と誰のことだろうか。私は、須佐之男命と大年神の親子が有力かと考えているが、今のところ断定できない。いずれにしても、出雲の神々だと思う。
②の「火雷」と、⑥の「土雷」は、「五行」の五つの要素（木・火・土・金・水）のうちの二つ、「火」と「土」である。
③の「黒雷」であるが、「黒」は「五行」の要素の「水」に該当する。
⑦の「鳴雷」については、「鳴」の文字の旁《つくり》の部分は「鳥」である。「鳥」は十二支でいえば「酉《とり》」。西の方角にあたる。「五行」で西の方角は「金」である。
結局、②の「火雷」、③の「黒雷」、⑥の「土雷」、⑦の「鳴雷」によって、五行の要素のうち、「火・水・土・金」の四つの要素が表わされている。

このことを逆にいえば、五行の要素のうち「木」だけがない。

「木」の字を分解すると、「八」と「十」に分けることができる。「八十《やそ》」である。

「木」だけがないのは、意図的にしているのだろう。ないことそのものに意味を持たせている。「八十《やそ》は無し」なのだ。

④の「折雷」と、⑧の、「伏雷」は、二つを合わせると、「折・伏」。つまり、「折伏《しゃくぶく》」（悪人を強く責めたてて、迷いをさまさせること。仏教語）になる。

以上をまとめると、これらの八雷神の名前に隠された謎かけの解答は、

「（出雲の）親子の神々が、（飛鳥の）八十《やそ》どもを折伏し、亡き者（無きもの）にする」

という呪詛のメッセージである。

第二章

稗田阿礼はいなかった

私は、前著で、「稗田阿礼《ひえだのあれ》は創作された架空の人物だと思う」と書いた。
要約して掲載するとともに、今回、別の方向から新たに考えたことを記しておきたい。

（1）五穀

高天原で悪質な大騒ぎを起こしたために追放された（私の解釈は違うが）須佐之男命《すさのお》は出雲の国に行くが、その前に妙なことをしている。

大気津比売《おほげつひめ》神に食物を乞うたところ、大気津比売は、鼻や口や尻からいろいろな食物を取り出して料理し、須佐之男命に供した。その様子を見ていた須佐之男命は、汚い物を供するものだと立腹して、その女神を殺してしまった。殺された女神の身体からは、頭に蚕が、目に稲が、耳に粟が、鼻に小豆が、陰に麦が、尻に大豆が生じた。

これと非常によく似た話が『日本書紀』にも書かれており、そちらは、月夜見尊《つくよみのみこと》が保食《うけもち》神を殺したことになっているが、殺された保食神の身体から、頂《いただき》に牛馬が、額の上に粟が、眉《まゆ》の上に蚕が、眼の中に稗が、腹の中に稲が、陰に麦と大豆と小豆が生じた。

へんな話であるが、注目したいのは、殺された女神の遺体の各部位から生じたものについてである。

それらのものを表に作成して整理してみる。

『古事記』（須佐之男命が殺した大気津比売神から生じたもの）

部位	生じたもの
頭	蚕
目	◉稲
耳	◉粟
鼻	◉小豆
陰	◉麦
尻	◉大豆

『日本書紀』（月夜見尊が殺した保食神から生じたもの）

部位	生じたもの
頂	牛、馬
額	◉粟
眉	蚕
眼	◉稗
腹	◉稲
陰	◉麦、◉大豆、◉小豆

右の表で、上に◉印を付けたものは穀物である。穀物の名称を見ると、『日本書紀』では、「粟、稗、稲、麦、大豆、小豆」の六品目が挙げられている。ただし、「大豆」と「小豆」を「豆」として一つにまとめると、「粟、稗、稲、麦、豆」の五種類になる。いわゆる「五穀豊穣《ごこくほうじょう》」の五穀である。

一方、『古事記』に挙げられている穀物は、「稲、粟、小豆、麦、大豆」の五品目であるが、同様に、「小豆」と「大豆」を「豆」として一つにまとめると、「稲、粟、豆、麦」の四種類になってしまい、「五穀豊穣」にならない。

『日本書紀』にあって、『古事記』のほうに欠けているのは、「稗《ひえ》」である。「稗田阿礼」の頭文字である。

「序」に、「稗田阿礼」を書いている『古事記』の作者が、穀物の「稗」を知らないはずがない。うっかり書き漏らしたということも考えにくい。

意図的に「稗」を挙げていないのではないだろうか。

〝実は、稗田阿礼は存在しない〟ということを示唆しているのではないだろうか。

(2) 古事記の序

辞典や高校の日本歴史の教科書で、『古事記』についての説明を調べると、「日本最古の歴史書。和銅五年（七一二年）成立。稗田阿礼が誦習したものを元明天皇の勅により太安万侶《おおのやすまろ》が撰録。天地創造から推古天皇までの帝紀（天皇の系譜）と旧辞（神話・伝説）とからなる」（日本語大辞典・講談社）、「天武天皇の時代にはじめられた国史編纂事業は、奈良時代に『古事記』『日本書紀』として完成した。七一二年にできた『古事記』は、宮廷に伝わる「帝紀」「旧辞」をもとに、天武天皇が稗田阿礼によみならわせた内容を、太安万侶が筆録したもので、神話・伝承から推古天皇にいたるまでの物語であり、口頭の日本語を漢字の音・訓を用いて表記している」（詳説日本史・山川出版社）などの説明がされている。現代の定説であり、常識になっているともいえるが、『古事記』に付されている「序」にもとづくものである。

しかしながら、『古事記』の「序」は、このような解釈しかありえないのだろうか。

原文を見ると、

於是天皇詔之（中略）欲流後葉　時有舎人　姓稗田　名阿礼　年是廿八（中略）勅語阿礼令誦習帝皇日継及先代旧辞

通説の解釈は、「舎人」＝「稗田阿礼」と解して、〝全体の主語は冒頭の「天皇」、述語は「勅語」および「令誦習」、補語が「阿礼」、目的語が「帝皇日継及先代旧辞」の構文である〟との解釈だろう。簡単に口語訳すれば、「天皇は、後の世に（正しく）伝えたいとおおせられた。そのときに、姓は稗田、名は阿礼という舎人《とねり》がいた。年齢は二十八である。天皇は阿礼に命じて、帝皇日継と先代旧辞を誦習させた」となる。

しかし、この部分は、「天皇は、舎人親王《とねりしんのう》に帝皇日継及先代旧辞（＝日本書紀）の編纂を命じた」ということを述べているだけだという解釈もできるのではないだろうか。

つまり、「序」に書かれている「舎人」とは、「舎人（古代、天皇などに仕えて雑事を行った役人）の身分の稗田阿礼」のことではなくて、天武天皇の皇子で、最初の正史である『日本書紀』の編纂を中心になって行った舎人親王を示していると解釈できないだろうか。

また、「勅語《ちょくご》」は「天皇のおことば」であるが、「勅」は、もと「敕《ちょく》」で、「束《たば》」と

「攴《うつ》」の会意文字。薪《たきぎ》などの束を攵《う》ちそろえて正しく整えることである。この意味で解すれば、「勅語」は、「敕ヘル㆑語ヲ」。「語を整える」という意味にすぎないことになる。これなら、天皇でなくてもできる。

本来の漢文には、句読点などは付いていない。ズラズラと漢字ばかりが並んでいるので、読み手が文章をどのように区切るかによって、意味、内容が違ってしまう場合がありうる。「モウケガスクナイ」は、「儲けが少ない」なら商売の話であるが、「もう、毛が少ない」ならおじいちゃんの頭になる。

「於是天皇詔之」から「欲流後葉」までを一つの文章として区切るのではなくて、次の「時有舎人」まで含めて一続きの文章になるのではないか。そして、「姓稗田」から全く別の文章が始まるのではないか、というのが私の解釈である。

通説の解釈の構文（であろうもの）と、私の解釈の構文を比較してみたい。

〈文①〉

於是天皇（主語）詔（述語）之、「朕聞、諸家之所賷帝紀及本辞、既違正実、多加虚偽。当今之時、不改其失、未経幾年、其旨欲滅。斯乃、邦家之経緯、王化之鴻基焉。故惟、撰録帝紀、討覈旧辞、削偽定実、欲流後葉」（上の「　」内が目的語）。

〈文②〉

時有舎人。姓稗田、名阿礼（舎人と稗田阿礼は同格）。（以下、稗田阿礼の説明）年是廿八。為人聡明、度目誦口、拂耳勒心。

〈文③〉

即、（主語は天皇）勅語（述語）阿礼（補語）、令誦習（述語）帝皇日継及先代旧辞（目的語）。

〔私の解釈〕

〈文①〉

於是天皇（主語）詔（述語）之、「朕聞、諸家之所賫帝紀及本辞、既違正実、多加虚偽、当今之時、不改其失、未経幾年、其旨欲滅。斯乃、邦家之経緯、王化之鴻基焉。故惟、撰録帝紀、討覈旧辞、削偽定実、欲流後葉、時有」（上の「 」内が目的語）舎人（＝舎人親王。補語）。

〈文②〉

姓稗田、名阿礼。（以下、稗田阿礼の説明）年是廿八、為人聡明、度目誦口、拂耳勒心。

〈文③〉

即、（主語は『古事記』の作者）勅（＝整。述語）語（目的語。以下「語」の内容）阿礼令誦習帝皇日継及先代旧辞。

私の解釈（区切りかた）で口語訳（意訳）してみれば、次のようになる。

「天皇は、舎人親王に詔《みことのり》して、

『朕は、諸家がそれぞれ伝承している帝紀と本辞は真実と違っており、多くの虚偽が書き加えられていると聞いている。

まさに今、その誤りを改めておかなければ、幾年もしないうちにわからなくなってしまう。帝紀・旧辞は国の根本、政治の基礎である。そのゆえに、帝紀を撰録し、旧辞を調べて正し、後世に伝えようと思う。時機を逸するな』

と仰せられました。

ところで、稗田阿礼という者のことですが、年は二十八歳。聡明で、記憶がよく、見たり、聞いたりしたことを心にきざんでけっして忘れません。

私は、稗田阿礼に暗唱させた帝紀・旧辞の物語や言葉を整えて、この書物『古事記』を著しました」

『古事記』の作者は、七二〇年にできた『日本書紀』を知っている。

壬申の乱に勝利した天武天皇（大海人皇子）は、安定した国の運営のために、律令と正史を是非とも必要とした。そのため、それぞれ皇子、皇族を含む十人以上のスタッフにその作成を命じている。まともなことだ。その結果できたのが飛鳥浄御原律令と『日本書紀』である。

同時期に、同じ天皇が、素性もわからない舎人の稗田阿礼ひとりに正史の暗誦を命じて二つの歴史書を作るわけがない。

第三章

スクナビコナの正体

（1）少名毘古那神の登場

『古事記』だけでなく、『日本書紀』『出雲国風土記』、また、『播磨国風土記』にも登場する、少名毘古那神《すくなびこなのかみ》（『日本書紀』は少彦名命、出雲国風土記は須久奈比古命、播磨国風土記は少日子根命、小比古尼命と表記）という、いささか奇妙な神さまがいる。どのように奇妙な神さまなのか、まず、田辺聖子著『田辺聖子の古事記』（集英社文庫、以下〈田辺〉と略す）から引用して紹介する（引用文中「昆」は原著のまま）。

さて、大国主神が出雲《いずも》の美保《みほ》の岬《みさき》にいらっしゃるとき、波の上をガガイモの実で作った舟に乗って、蛾《が》の皮を丸剥《まるは》ぎにしてそれを着物にして近寄って来る神があった。大国主神はその名を訊《き》かれたが答えない。ほかのお供の神々も、みな知らなかった。

ところが、ヒキ蛙《がえる》が申しあげるのに、

「これは案山子《かがし》の久延昆古《くえびこ》がきっと知っているでしょう」

というので、久延昆古を召しておたずねになると、

「これは神産巣日神《かむむすひのかみ》の御子《みこ》、少名毘古那神《すくなびこなのかみ》でございます」

そこで、大国主神が神産巣日《かむむすひ》の御母神《みおやがみ》に申しあげられると、御母神は仰せられた。

「これはほんとうに私の子です。たくさんの子の中で、私の指の間から漏れ落ちた子です。お前は葦原色許男命《あしはらしこおのみこと》と今から兄弟になって、葦原中国《あしはらのなかつくに》を作り固めなさい」

と少名昆古那神にいわれた。

そこで大穴牟遅《おおなむじ》と少名昆古那は協力して葦原中国を作り固められた。しかしのちには少那昆古那神は常世国《とこよのくに》へもどっていかれた。

その神の名を知っていた久延昆古は、山田のかかしというものである。この神は歩くことはできないが、天下のことはことごとく知っている神である。

次に、同じ箇所を〔倉野〕からも引用する。文語調なので、すこし硬い感じがするが、内容はほとんど同じである。なお、脚注は後にまとめて列挙する。


故《かれ》、大国主《の》神、①出雲の御大《みほ》の御前《みさき》に坐《ま》す時、②波の穂《ほ》より③天《あめ》の羅摩船《かかみぶね》に乗りて、④鵝の皮を⑤内剥《うつはぎ》に剥《は》ぎて衣服《きもの》にして、帰《よ》り来《く》る神ありき。ここにその名を問はせども答へず、また所従《みとも》の諸神《かみたち》に問はせども、皆「知らず」と白《まを》しき。ここに⑥谷蟆《たにくく》白《まを》しつらく、「こは

⑦崩彦《くえびこ》ぞ必ず知りつらむ」とまをしつれば、すなはち崩彦を召して問はす時に、「こは神《かみ》産巣日《むすひの》神の御子、⑧少名毘古那神《すくなびこなの》ぞ」と答へ白しき。故《かれ》ここに神産巣日の御祖命《みおやの》に白し上げたまへば、答へ告《の》りたまひしく、「こは實《まこと》に我が子ぞ。子の中に、我が手俣《たなまた》より漏《く》きし子ぞ。故《かれ》、汝《いまし》葦原色許男命《の》と兄弟《あにおと》となりて、その国を作り堅《かた》めよ」とのりたまひき。故、それより、大穴牟遅と少名毘古那と、二柱の神相並《なら》ばして、この国を作り堅めたまひき。然《さ》て後は、その少名毘古那神《の》は、⑨常世国《とこよの》に度《わた》りましき。故、その少名毘古那神《の》を顕《あら》はし白せし謂《い》はゆる崩彦は、今者《いま》に⑩山田のそほどといふぞ。⑪この神は、足は行かねども、盡《ことごと》に天の下の事を知れる神なり。

〈注〉

① 島根県八束郡美保の岬。

② 白く高く立つ波頭。

③ ガガイモ。その実を割ると小舟の形に似ている。

④ 鵝では大き過ぎ、皮というのにも当たらない。記伝には蛾の誤りとしてヒムシと訓《よ》んでいる。

⑤ 丸剥ぎにして。

⑥ひきがえる。
⑦かかし（案山子）
⑧小人の意か。名義不詳。
⑨海のあなた極遠の地にあるとこしえの齢の国。書紀の一書には、熊野の御崎から常世郷に行ったとも、淡島から粟茎にはじかれて常世郷に行ったとも伝えている。
⑩山田の「そほづ」と同じで、かかしのことと言われている。
⑪かかしに対する古代農民の信仰をあらわしている。

さて、高名な御二方の訳されたものを読んだが、いずれもほぼ同様の内容であった。ガガイモの実を二つに割った舟で海を渡って来られるのか？　鵝または蛾の皮の服を着ているとはどういうことだ？　なぜ、ヒキガエルやカカシが出てこなければならないのだ？　そもそも、どこから来たのだ？　等々の疑問点が充満しているが、明快な説明が全くされていない。疑問とも思っておられないのだろうか。

私は、前著で、「亀の甲《せ》に乗りて、釣しつつ打ち羽挙《はぶ》き来る人（乗亀甲為釣乍、打羽挙来人）」という、まるで曲芸師のごとく奇妙な「槁根津日子《さおねつひこ》」の正体について、自分なりに考察し、一つの解答を提出した。

簡単にくり返すと、

出雲大社の神紋は、「二重亀甲に剣花菱」である。「釣」は「漁《りょう》」。「りょう」は「菱《りょう》」である。「羽《は》」は「刃《は》」。すなわち「剣」。

「亀甲」と「剣」と「菱」を組み合わせた旗印を挙げた船、つまり、「出雲の船」が椙根津日子の正体であると論述した。

この章では、椙根津日子に劣らず奇妙な、少名毘古那神の正体に取り組んでみようと思う。

（２）少名毘古那神はどこから来たのか

少名毘古那神はどこから来たのか。

古代朝鮮の新羅《しらぎ》・百済《くだら》・高句麗の歴史を記述した『三国史記』の中に、高句麗の建国神話で次のような話がある。

朱蒙（高句麗の始祖東明聖王）は、三人の男に出会った。そのひとりは麻衣を着ており、ひとりは衲衣《のうえ》を着ており、もうひとりは水藻の衣を着ていた。朱蒙がその三人に、「そなたたちは、何びとであり、姓名はなんというのか」と問うと、麻衣を着た者は名を再思といい、衲衣を着た者は名を武骨といい、水藻の衣を着た者は名を黙居だと言ったが、姓については何も言わなかった。

そこで朱蒙は、再思には克氏という姓を、武骨には仲室氏という姓を、黙居には少室氏という姓を授けた。

そして、衆人に向かって、「われはいま、大命を承って国家のもとを開こうとしているところであるが、たまたまこの三人の賢人に出会った。これは天からの賜り物ではなかろうか」と言った。三人はそれぞれの才能を発揮したので、それに応じて仕事を任せた。

少名毘古那神が登場した状況は、この高句麗の神話に関係があるような気がする。

少名毘古那神は、名前を問われても答えなかった。黙っていた。朱蒙が出会った三人目の人は、名前が「黙居」であった。姓については答えず、朱蒙から「少室」という姓を授けられた。着ていた衣は、麻衣や衲衣ではなくて、「水藻」という、鵝の皮に劣らず珍妙なものであった。しかしながら賢人で、才能を発揮し、仕事を任されて朱蒙の建国を助けた。

少名毘古那神も、はじめは名乗らなかったが、大国主神の国作りに協力したのである。

少名毘古那神の出身地は高句麗だったのではないかと思う。


ちなみに、大国主神の出自についても、私が考えたことを簡単に触れておく。

大国主神の出自についての手掛りは、その両親の名前にある。

「天之冬衣《あめのふゆきぬ》神が、刺国大神《さしくにおおかみ》の女《むすめ》、名は刺国若比売《さしくにわかひめ》を娶って生める子」が大国主神である。

父親が、「冬衣《ふゆきぬ》」、母親が、「刺国《さしくに》」である。「冬」は、五行の方角では「北」。「冬衣《ふゆきぬ》」とは、「北から来《き》ぬ」である。

母親の「刺国」の「刺《し》」は「指《し》」。「刺」は「さす」であるが、「指」も「さす」と読む。将棋を指す。将棋の駒《こま》を指す。

「駒《こま》」は「高麗《こま》」である。高麗《こうらい》という国が十世紀はじめ頃から十四世紀終わり頃まで朝鮮半島にあったのですこしまぎらわしいが、もちろんそれではない。「高句麗」のことを「高麗」とも称していた。

大国主神が根の国へ行ったとき、須佐之男命の娘の須勢理毘売《すせりひめ》が見つけて、須佐之男命に、「麗《うるわ》しき神来つ（麗神来）」と伝えた。

これは、「麗の神が来つ」と告げたのである。

大国主神は、「北の国、高句麗」から来た。

少名毘古那神も大国主神も、どちらも高句麗から来たのだろう。

（3）水藻の衣と「なのりそ」

すこし脇道の話になるが、高句麗の黙居は「水藻の衣」という妙な衣を着ており、姓を名乗らなかった。

『万葉集』に、「なのりそ」という言葉が使われている歌がいくつかあるが、四つ例をあげる。

① 朝入為等《あさりすと》　磯尓吾見之《いそにわがみし》　莫告藻乎《なのりそを》
誰島之《いづれのしまの》　白水郎《あま》可将苅《かかりけむ》

② 奥浪《おきつなみ》　依流荒磯之《よするありその》　名告藻者《なのりそは》　心中尓《こころのうちに》
疾跡成有《つつみとなれり》

③　紫之《むらさきの》　名高浦之《なだかのうらの》　名告藻之《なのりその》　於磯将靡《いそになびかむ》
時待吾乎《ときまつわれを》

④　三佐呉集《みさごゐる》　荒磯尓生流《ありそにおふる》　勿謂藻之《なのりその》
吉名者不告《よしなはのらじ》　父母者知等毛《おやはしるとも》

（『原文　万葉集』岩波文庫）

歌の解釈は本題ではないので省略するが、注目したいのは、①莫告藻乎《なのりそを》、②名告藻者《なのりそは》、③名告藻之《なのりその》、④勿謂藻之《なのりその》等の語句である。

磯や海の場面設定で、水藻の「藻」を使って「なのりそ」と言っている。

「な○○そ」の形は、高校時代に古文の授業で習った。「○○するな」、「○○してくれるな」という禁止の表現。また、①の「莫」、④の「勿」も、「○○するなかれ」という意味を表わす漢字である。

「なのりそ」とは、「名乗らない」ということである。

兵庫県北部の但馬地方の出石《いずし》神社に、海藻を使った神事が伝えられていることを『アメノヒボコ』（瀬戸谷晧他共著　神戸新聞総合出版センター）が紹介している。

出石神社では、立春の祭りに神馬《じんば》（ホンダワラのこと）という海草を供える行事がある。始まりの時期はよくわからない。当然長い年月の間に変容しており、原形をとどめるものではあるまい。

神馬藻、これを訓じて奈乃利曽すなわち「なのりそ」と言っていた時期があることは、『校補但馬考』にひく文献にある。現在でも立春の日の祭として執行されている。

朝鮮半島からの渡来人とされる天之日矛《あめのひぼこ》を祭る出石神社に、海藻のホンダワラを「なのりそ」と呼んで供える神事が伝えられているということは興味深い。そう呼ぶ理由は明らかではないが、ここでも海藻と「なのりそ」の繋がりが窺える。

また、「神馬藻」と書いて、「なのりそ」と訓じていた時期があったということも興味深い。天之日矛は馬を連れて来たのかもしれない。

江上波夫が戦後まもなく発表した「騎馬民族征服王朝説」を想起させる。

『万葉集』の歌の作者たちは、「なのりそ」を「莫告藻」や「名告藻」などと書くことを知っていた。『古事記』の作者も、そのことは当然知っていたに違いない。そして、水藻の衣を着た、高句麗の少室黙居の神話を踏まえて、名前を名乗らない少名毘古那神の話を書いているのである。

（4）鵜の皮の衣服

黙居や水藻の衣、「なのりそ」などの話が長くなってしまったが、『古事記』の記事に戻る。

少名毘古那神が着ていたのは、黙居のように水藻の衣ではなくて、「鵜の皮の衣服」であった。どちらも珍妙な点では似たりよったりだが、「鵜の皮の衣服」について考える。

〔倉野〕を改めて読み返すと、「鵜の皮を内剥《うつはぎ》に剥《は》ぎて衣服《きもの》にして（内剥鵜皮剥、為衣服）」となっている。そして、「内剥」について、「丸剥ぎにして」と脚注を付けている。

しかし、「内剥」という言葉は不審な言葉である。「内剥」があるのなら、「外剥」があってもよさそうなものだが、そもそも、「剥ぐ」という行為は、「外側にあるものを取り去ること」だから、「外剥」では意味が重複するし、「内剥」ではつじつまが合わない行為になる。

〔倉野〕は「丸剥ぎ」と訳して済ませているが、「内剥」という言葉の矛盾について説明していない。

私の考えは、「内剥鵝」と書くことによって「鵝の文字の内側に注目せよ」と言いたいのではないかと思う。

「鵝」の文字の左側にある「手」の部分と、右側にある「鳥」の部分を取り去ると、残るのは内側にある「戈」である。

少名毘古那神は、戈《ほこ》の外側を覆っていた鞘《さや》を取り去り、戦闘態勢をとってやって来たのである。

また、「皮剥為衣服」の箇所は、「皮」と「衣（ネ）」を合体させると、「被」になる。これをさらに「服」と合わせると、「被服」となる。

「被服」は、一般的には、着るもの、身にまとうものであるが、ここでの「被服」は、そういった意味ではなく、「被」は受身の助字。つまり、「被《ら》ルレ服《ふく》セ（服せらる）」。

油断すれば征服される。少名毘古那神は、その意図を持ってやって来たのだ。

蛇足ながら、本居宣長の『古事記伝』は、「鵝」を「蛾」の誤りとして「ヒムシ」と訓んでいるようだが、原文を勝手に書き換えてよいはずがない。

その結果、かえって分かりにくくしてしまった。

(5) 羅摩船

少名毘古那神が乗って来た船は、「天之羅摩船」であったが、「ガガイモの実」といった奇妙なものを考え出さなくても、普通の人間が乗って日本海を横断できる性能を備えた船を考えればよいのではないのか。ガガイモの実では、波立つ海を渡れない。

すくなくとも、数人が乗り込み、力を合わせて漕げる程度の大きさがある船だっただろう。

「羅摩船」とは、いったい、どんな船なのかを考えていきたい。ガガイモではないと思うが……。

『古事記』には、多くの短歌、長歌が掲載されているが、その中でも最もよく知られている歌の一つは、倭建命《やまとたけるのみこと》が、死に臨んで能煩野《のぼの》(三重県)で歌ったとされる次の歌だろう。

倭《やまと》は　国のまほろば　たたなづく　青垣《あをかき》　山隠《やまごも》れる　倭しうるはし。

（夜《や》麻《ま》登《と》波《は》　久《く》爾《に》能《の》麻《ま》本《ほ》呂《ろ》婆《ば》　多《た》多《た》那《な》豆《づ》久《く》　阿《あ》袁《を》加《か》岐《き》　夜《や》麻《ま》碁《ご》母《も》礼《れ》流《る》　夜《や》麻《ま》登《と》志《し》宇《う》流《る》波《は》
斯《し》）。

ところが、『日本書紀』では、この歌は、倭建命の父親の景行天皇が九州の地で歌ったことになっている。その歌は、

倭《やまと》は　国のまほらま　畳《たたな》づく　青垣《あをかき》　山籠《やまこも》れる　倭《やまと》し麗《うるは》し
（夜《や》摩《ま》苔《と》波《は》　区《く》珥《に》能《の》摩《ま》倍《ほ》邏《ら》摩《ま》　多《た》々《た》儺《な》豆《づ》久《く》　阿《あ》烏《を》伽《か》枳《き》　夜《や》摩《ま》許《こ》莽《も》例《れ》屢《る》　夜《や》摩《ま》苔《と》之《し》于《う》屢《る》破《は》
試《し》）

ほとんど同じであるが、一箇所だけが微妙に違っている。

「まほろば（麻本呂婆）」と、「まほらま（摩倍邏摩）」の部分である。

それぞれ、岩波文庫の『古事記』および『日本書紀』から引用したものであるが、「まほろば」「まほらま」には、それぞれ次の注が付けられている。

〈まほろば〉（『古事記』岩波文庫）

もっともすぐれた国。書紀にはマホラマとある。ロバはラマの転音であろう。マは接頭語、ホは秀、ラマは確実性を表わす接尾語。

〈まほらま〉（『日本書紀』岩波文庫）

大和は最もすぐれた国。青青とした山が重なって、垣のように包んでいる大和の国は立派で美しい。マ（真）ホ（秀）ラ（状態を示す接尾辞）マ（場）。

「ホ」は「秀」ということは一致しているが、「ラマ」の説明は異っている。要するに、よくわからず、定まった解釈はされていないということではないのか。それなら、私も新しい解釈を提案してみたい。

「マ」は真、「ホ」は秀という解釈はそれでよいとして、「ラマ」とは、「中心、長、首領、指導者、司令塔」などの意味を持つ言葉だとは考えられないだろうか。

景行天皇が、九州の地で、「ヤマトは国のまほらま」と歌ったのは、単に大和を偲んでいるのではなく、「大和は、すぐれた首領、長、中心である」と宣言したのではないか。

しかし、『日本書紀』では、景行天皇が「ヤマトは国のまほらま」と歌っているのに対して、『古事記』では、倭建命が「ヤマトは国のまほろば」と歌っているのは、単なる転音などではなく、『古事記』の作者にとっては、「大和は、すぐれた首領、長、中心ではない」という異議を隠し込めているのかもしれない。

もう一つ例をあげる。

第二十一代雄略天皇（大長谷《おほはつせ》若建《わかたけ》命）は、皇位継承にあたり、対立する有力な皇位継承資格者であった市辺《いちべ》之《の》忍《おし》歯《は》王（履中天皇の皇子。大長谷若建命の従兄弟）を殺害している。多くの人々を残酷に殺し、『日本書紀』には、「天下《あめのした》、誹謗《そし》りて言《まう》さく、『大《はなは》だ悪《あ》しくまします天皇なり』」と書かれている。父の市辺之忍歯王が殺されたことを知った意祁《おけ》王と袁祁《をけ》王の兄弟は逃げ、播磨国（兵庫県）の志自牟《しじむ》という名の人の家で、馬飼い、牛飼いになって身を隠していた。

雄略天皇が亡くなり、後を継いだ清寧《せいねい》天皇には後継ぎの御子がいなかった。あるとき、山部連《やまべのむらじ》小楯《をたて》という播磨国の国司が志自牟の新築祝いに招かれた。その宴の場で皆が次々に舞い、最後に、かまどのそばで火をたいていた兄弟たちも舞うように命じられた。そこで、袁祁王が歌を歌い、その歌で自分たちの身分を明かした。

その歌を聞いた小楯は驚き、早馬で都に知らせた。袁祁王が第二十三代顕宗天皇、意祁王が第二十四代仁賢天皇になる。

シンデレラ物語のような話であるが、この説話は、『古事記』だけではなく、『日本書紀』にも、『播磨国風土記』にも書かれている。

『播磨国風土記』では、

「於奚《おけ》・袁奚《をけ》の天皇等、此の土《くに》に坐しし所以《ゆえ》は、汝《そ》の父市辺天皇……」

とあり、市辺之忍歯王が天皇であったかのようになっている。

袁祁王が歌った歌の一部を、『播磨国風土記』（沖森卓也他編著　山川出版社）から引用する。

淡海《あふみ》は水渟《みずたま》る国《くに》、倭《やまと》は青垣《あをがき》の山投《やまと》に坐《ま》しし市辺天皇《いちへのすめらみこと》の御足末《みあなすえ》、奴《やっこ》つらま。

（原文）

淡海者水渟国、倭者青垣之山投坐市辺之天皇御足末、奴津良麻者。

右の歌に、「良麻《らま》」が使われている。この「良麻」も、「中心、長、首領、指導者、司令塔」などの意味に解せるのではないだろうか。

そうすると、「市辺之天皇御足末、奴津良麻者」は、「市辺の天皇の御子である。いまは召使の姿をしているが、統治者（天皇）になるべき者である」と解釈できる。

その場の状況に合った文意になっており、無理な解釈ではないと思うが。

「らま」が、「中心、長、首領、指導者、司令塔」などの意味の言葉だとすれば、少名毘古那神が乗って来た「羅摩《らま》船」とは、艦隊を率いる司令官が乗っている船、フラッグシップ（旗艦）のことだと考えられるのではないか。

少名毘古那神は、黒船四隻を率いて浦賀沖に来航し、アメリカ大統領の国書を提出して日本の開国を要求した、アメリカ東インド艦隊司令長官ペリーのような男だったのだ。

(6) 兄弟となりて

大国主神が名前を問うているのに、少名毘古那神は自分から名乗らなかった。そして、久延毘古《くえびこ》が、「これは、神産巣日神《かみむすひ》の御子、少名毘古那神ぞ」と答えたため、次に神産巣日の御祖命に問い合わせたところ、「これは本当に私の子です。お前たちは、兄弟となって、その国を作り堅《かた》めなさい」と命じられた。

このような話だと、少名毘古那神と大国主神は、義兄弟の杯を交し、堅い絆で結ばれて力を合わせ国作りに邁進したかのようだ。

ところが、少名毘古那神は、登場したときの派手さに比べれば、いったい何をしたのか具体的なことはわからないまま、突然常世の国に渡ってしまう。どういうことだろう。

神産巣日神が言った「兄弟となりて」は、「義兄弟となって」という、まるで任侠の世界のような意味ではないのではないか。

「兄弟」は、「兄《え》」と「弟《と》」。「えと」ではないだろうか。

料金受取人払郵便

新宿局承認

1409

差出有効期間
2021年6月
30日まで
（切手不要）

郵便はがき

1 6 0-8 7 9 1

1 4 1

東京都新宿区新宿1－10－1

(株)文芸社

愛読者カード係 行

ふりがな お名前		明治 大正 昭和 平成	年生
ふりがな ご住所	□□□-□□□□		性別 男・女
お電話 番 号	（書籍ご注文の際に必要です）	ご職業	
E-mail			
ご購読雑誌（複数可）		ご購読新聞	新

最近読んでおもしろかった本や今後、とりあげてほしいテーマをお教えください。

ご自分の研究成果や経験、お考え等を出版してみたいというお気持ちはありますか。

ある　　ない　　内容・テーマ（　　　　）

現在完成した作品をお持ちですか。

ある　　ない　　ジャンル・原稿量（　　　　）

名				
買上 店	都道 府県	市区 郡	書店名	書店
			ご購入日	年　　月　　日

書をどこでお知りになりましたか?

1.書店店頭　2.知人にすすめられて　3.インターネット(サイト名　　　　　　)

4.DMハガキ　5.広告、記事を見て(新聞、雑誌名　　　　　　)

の質問に関連して、ご購入の決め手となったのは?

1.タイトル　2.著者　3.内容　4.カバーデザイン　5.帯

その他ご自由にお書きください。

(　　　　　　)

書についてのご意見、ご感想をお聞かせください。

内容について

カバー、タイトル、帯について

弊社Webサイトからもご意見、ご感想をお寄せいただけます。

協力ありがとうございました。

お寄せいただいたご意見、ご感想は新聞広告等で匿名にて使わせていただくことがあります。

お客様の個人情報は、小社からの連絡のみに使用します。社外に提供することは一切ありません。

書籍のご注文は、お近くの書店または、ブックサービス(0120-29-9625)、セブンネットショッピング(http://7net.omni7.jp/)にお申し込み下さい。

「えと」は、現代では、〃来年のえとは、うしだ〃というように、「子《ね》・丑《うし》・寅《とら》・卯《う》・辰《たつ》・巳《み》・午《うま》・未《ひつじ》・申《さる》・酉《とり》・戌《いぬ》・亥《い》」の十二支《じゅうにし》を言い表わすのに使われる場合が多い。十二年に一度巡ってくる。

本来の「えと」は、五行の、「木・火・土・金・水」を兄《え》と弟《と》に分けた「甲・乙・丙・丁・戊《ぼ》・己《き》・庚《こう》・辛《しん》・壬《じん》・癸《き》」の「十干《じっかん》」のことである。「甲・乙」が「きのえ・きのと」、「丙・丁」が「ひのえ・ひのと」、「戊・己」が「つちのえ・つちのと」、「庚・辛」が「かのえ・かのと」、「壬・癸」が「みずのえ・みずのと」である。

この十干と十二支を、どちらも順番に一つずつずらしながら、「甲子《きのえね》」、「乙丑《きのとうし》」、「丙《ひのえ》寅《とら》」……のように六十とおりの組み合わせを作って年を表わす。

兵庫県西宮市にある甲子園球場は、一九二四年の甲子の年に造られた。

六十一年目には、再び同じ組み合わせに還《かえ》るので、この年が還暦である。

ちなみに、「干」の漢字の字源は、防御用の武器である盾《たて》の象形（篆文 Ұ 甲骨文 ¥）で、「干」には本来の「盾」の意味がある。「干戈《かんか》を交える」とは、干《たて》と戈《ほこ》を交えること、つまり、戦争をすることである。

まとめると、

① 兄弟《えと》→十干《えと》。

② 十干↓十の盾。
① ②より、「兄弟」↓「十干」↓「十の盾」と繋がる。
神産巣日神が、「兄弟となりて、その国を作り堅《かた》めよ」と言ったのは、「十分に盾を備えよ、その国の防禦を堅固にせよ」と言ったのだ。

少名毘古那神は、攻撃用の武器である戈を携えてやって来た。当初、小競り合いがあったかもしれない。神産巣日神の仲裁で和議を結び、協力関係を築いたが、少名毘古那神は新たな目的地をめざして去っていったのである。

(7) 多邇具久と久延毘古

少名毘古那神は、大国主神がその名を尋ねたのに答えない。ほかのお供の者たちも皆知らなかった。ところがヒキガエルの多邇具久《たにぐく》が申しあげるのに、「これは、案山子《かかし》の久延《くえ》毘古《びこ》がきっと知っているでしょう」と言うので、久延毘古を召し出してお尋ねになった。

なぜここで、ヒキガエルとカカシが登場しなければならないのだ？

〔田辺〕〔倉野〕、その他の解説書を読んでも、納得できる説明をしていない。ヒキガエルやカカシを無理に引っ張り出さなくても、ごく素直に、「多邇具久」も、「久延毘古」も人の名前だと考えればよいのではないだろうか。

「久延毘古」はともかく、「多邇具久」はあまり人の名前らしくはないが、古代史で、入鹿《いるか》は有名だし、鯨《くじら》もいた。胆渟《いぬ》や伊多智《いたち》や佐為《さゐ》などの名前の人物もいた。思わず、「へ～」と言いそうな烏奈良《をなら》もいた。

「多邇具久」も、「久延毘古」も、おそらく、大国主神に仕えていた部下たちの名前だろう。
海岸警備を担当していた多邇具久は、不審な船の接近を大国主神に急報したのである。

(8) 山田のかかし

次に、なぜ「久延毘古」を「カカシ」と解釈することになったのか、その原因を考えていく。

〔倉野〕は、

「その少名毘古那神《の》を顕《あら》はし白せし謂《い》はゆる崩彦《くえびこ》は、今者《いま》に山田①のそほどといふぞ。この②神は、足は行かねども、盡《ことごと》に天の下の事を知れる神なり」

と訳して、脚注で、

① 山田の「そほづ」と同じで、かかしのことと言われている。

② かかしに対する古代農民の信仰を表わしている。

と説明している。

「久延毘古」は、今は「山田のそほど（山田之曽富騰《そほど》）」と呼ばれているとしたうえで、

「この神は、……」と、文章を続けておられる。

つまり、「久延毘古」＝「山田之曽富騰」＝「カカシ」＝「この神」という等式なのだが、はたして、これは正しいのだろうか。

まず、「この神」だが、久延毘古には「神」が付けられてはいない。呼び捨てにされている。

よそ者で、うさん臭かった少名毘古那神ですら最初から「帰《よ》り来る神ありき」とされているのに。久延毘古は、「神」を付けるほどの者ではなかったということだろう。それがいきなり、「この神は、」になるのはおかしい。

また、〔倉野〕は、「かかしに対する古代農民の信仰」と言うが、はたして、そんな信仰はあったのだろうか。

原文を読んでみる。

顕①白其少名毘古那神　所②謂久延毘古者

於③今者山田之曽富騰者也　此④神者

これまでの読みかたは、①→②→③→④の順に、

①　その少名毘古那神を顕《あら》はし白《もう》せし

②　謂《い》はゆる久延毘古は、

③　今者《いま》に山田のそほどというなり。

④　この神は、

と読んでいる。

しかしながら、もともとの漢文には、句読点などはない。漢字がズラズラと並んでいるだけの文を、文脈や文法に照らして、適宜、区切りをつけて読んでいく。したがって、区切りかたが違うと、文意が違ったり、ナンセンスなものになってしまう場合がありうる。

「サンマイワシヲカウ」

右の文は、「サンマ、イワシヲカウ」と区切れば、「秋刀魚、鰯を買う」となって魚屋の店頭であるが、「サンマイ、ワシヲカウ」と区切れば、「三枚、和紙を買う」となって、文房具店になる。

今、問題としている原文について、次のように区切ってみればどうだろうか。

②顕白其少名毘古那神　①所謂久延毘古　③者
④於今者山田之曽富騰者也　⑤此神者

番号の順に、

① 謂《い》はゆる久延毘古が、

②③ 顕《あら》はし白《もう》せしその少名毘古那神は、

④ 今者《いま》に山田のそほどというなり。

⑤ この神は、

右の読みかたは無理だろうか。このように解釈すれば、「山田のそほど」とは、少名毘古那神のことである。久延毘古のことではない。

そして「この神」も少名毘古那神のことである。久延毘古は、少名毘古那神の素性と名前を知っていた部下にすぎないのなら、「神」が付けられずに、呼び捨てにされていてもおかしくはない。

「神」と呼ばれるほどの高い身分ではなかったが、久延毘古は人間だ。かかしの神さまのような不思議なものを考え出す必要はない。

(9) 足は行かねども

「この神は、足は行かねども、尽《ことごと》に天の下の事を知れる神なり」が問題の文章である。

私の考えでは、「この神」は少名毘古那神である。そして、「天の下の事を知れる神」も、当然少名毘古那神である。すると、少名毘古那神は、足が不自由で歩けなかったのか？

そんなことはないはずだ。

『播磨国風土記』に、次のような話が書かれている。

「聖岡《はにをか》」「波自賀《はじか》」の地名の由来を説明するものだが、オホナムチノミコトが屎《くそ》を我慢して歩き、スクナヒコネノミコトが聖《はに》（赤土）の荷を担いで歩くという、けったいな我慢比べをしている。

話の顛末はさておき、この話では、スクナヒコネノミコトは、重い赤土を担いで、数日間歩いている。

少名毘古那神が歩けないとは誰も思ってはいない。少名毘古那神は普通に歩ける。

しかし、案山子《かかし》なら歩けないのだから、「足は行かねども」と話のつじつまが合わせられる。

案山子を引っ張り出して、「久延毘古」も、「山田之曽富騰」も、「この神」も、みんなまとめて、「山田の案山子《かかし》」と解釈してしまったのは、この「足は行かねども（足雖不行）」の一言にミスリードされたことが原因だろう。

それでは、なにゆえに少名毘古那神が「足は行かねども」とされているのかを考える。

「足が行く」とは、「歩く」ということだが、「歩」という漢字の成り立ちについて、白川静著『字統』（平凡社）の説明によると、

会意。止（足あとの形）と㐄（足あとの形）とに従う。左右の足あとの形を前後に連ねた形で、前に歩行する意を示す。

篆文  甲骨文 

もともとは、「歩」の上の部分の「止」も、下の部分の「少」も左右の足あとで、両方が合わさって、はじめて「歩」である。歩ける。「止」だけでも、「少」だけでも、片足ずつだけでは「歩」にならず、歩けない。「止」の漢字は、まさにその意味で使われている。
「止」は、「とまる。とどまる」である。

また、「少」は、少名毘古那神の名前の頭文字である。少名毘古那神を、「少」の一字で表わす。

少名毘古那神の名前の「少」の部分だけでは「歩」にならないので、「この神は、足は行かねども」である。

しかしながら、この神は、名前は「少」なれども、その知識たるや、少ないどころか、ことごとく天下のことを知っている神なのである。

案山子に知識はない。

⑽　山田のそほど

〝「山田之曽富騰《そほど》」は、山田の案山子《かかし》ではない。少名毘古那神のことを言っているのだ〟というのが私の考えである。

それでは、次に、「そほど」とは、いったい何なのかを考える。

谷川健一は、その著書『青銅の神の足跡』（小学館ライブラリー）において「ソ」または「サ」、および「ホド」について、何度も言及している。同書から数箇所引用する。

そこには神社の上方にある山の水が流れこんでいる。鯉を飼ってはあるが、水は茶色に濁っている。こうした茶色の水をこの付近ではソブ水と呼んでいる。ソブは鉄分で水の濁っているところを指す。

アサ、アシ、アソは通音で、もともと朝鮮語で鉄を意味するサに由来すると私は考えている。

たたら炉の炎の色を見る穴をホド穴という。また鍛冶屋でも炭をくべてカネを焼くところをホド（火処）という。

砂鉄を炉に投げ入れるときの分量はつねに一定していなければ、よく燃えない。（中略）多すぎても少なすぎても火戸穴《ホドアナ》が詰まってしまい、吹けぬようになる。

谷川の見解が正しければ、「ソ」とは鉄のこと。そして「ホド」とは火処（火戸）のことである。

つまり、「山田のソホド」とは、山の中腹にタタラを設け、鉄などを精錬した溶鉱炉のことだと思う。

少名毘古那神は、当時の最高レベルの冶金の知識と技術を持った職能集団を連れて来たのだ。

（11）美保の岬

話の場面は前後するが、大国主神が出雲の美保の岬にいたときに少名毘古那神がやって来たとされている。

〔倉野〕の訳では、

「故《かれ》、大国主神、出雲の御大《みほ》の御前《みさき》に坐す時、」

として、脚注に「島根県八束郡美保の岬」としている。

原文は「故、大国主神、坐出雲之御大之御前時」。

なんとなく大国主神が砂浜に腰をおろし、のんびりと海を眺めていたような感じだ。あまり緊張感はない。しかし、名前を聞いても答えない不審な船が、武器を携えて自国の領海に入って来たのだ。ボーっと坐っている場合ではない。ただちに警戒態勢をとるべきである。実際、大国主神はそうしたのである。

通説は、原文の「御大」を「みほ」と読み、「御前」を「みさき」と読んで、「御大之御前」を地名の「美保の岬」としている。しかし、「御」を「み」と読むことはできても、「大」を「ほ」と読むことは、すこし無理があるのではないか。

『出雲国風土記』に、美保郷の地名の由来について、「御穂須々美命《みほすすみのみこと》、是の神坐《いま》す。故《かれ》、美保といふ」と記されている。「御穂」なら、無理なく「みほ」と読める。「御大」と書いて「みほ」と読むよりも、ずっと無理がない。

それに、『古事記』は、文字を「音」で読ませる場合には、繁雑に感じられるほどに「以音」の注をその言葉の下に付けているが、「御大之御前」の下には、その注が付いていない。

このことは、その漢字が本来持っている意義のとおり理解すればよいということではないだろうか。

俗語だが、「御大」を「おんたい」と読めば、親愛の意を込めて集団の長をこう呼ぶ。俗語はともかく、私は「御大」は、「御大神」のことではないかと思う。大国主神にとって（そして『古事記』の作者にとっても）、「大神」と呼ぶのにふさわしい神は、須佐之男命である。

そして、「御前」は、「ごぜん」、または、「おんまえ」、または、「みまえ」と読めばよい。神仏や貴人などの前のことである。明治憲法下で、天皇陛下の御臨席のもとに開かれる国政の最高会議を「御前会議《ごぜんかいぎ》」と言った。

国譲りの交渉がまとまって、邇邇藝命《ににぎのみこと》が天降る。いわゆる「天孫降臨」だが、この場面で、「御前」という言葉が頻出している。

〔倉野〕から引用し、論述の便宜のためⒶ〜Ⓔの符号を付けておく。

Ⓐ　僕《あ》は国つ神、名は猿田毘古神《さるだびこのかみ》ぞ。出で居る所以《ゆゑ》は、天つ神の御子天降りますと聞きつる故《ゆゑ》に、御前《みさき》に仕《つか》へ奉《まつ》らむとして、参向《まゐむか》へ侍《さもら》ふぞ。

Ⓑ　故ここに天忍日命《あめのおしひのみこと》、天津久米命《あまつくめのみこと》の二人、天の石靫《いはゆぎ》を取り負ひ、頭椎《くぶつち》の大刀《たち》を取り佩《は》き、天の波士弓《はじゆみ》を取り持ち、天の真鹿児矢《まかこや》を手挾《たばさ》み、御前《みさき》に立ちて仕え奉りき。

Ⓒ　此地《ここ》は韓国《からくに》に向ひ、笠沙《かささ》の御前《みさき》を真来通《まきとほ》りて、朝日の直刺《たださ》す国、夕日の日照る国なり。故、此地《ここ》は甚吉《いとよ》き地《ところ》。

Ⓓ　この御前《みさき》に立ちて仕へ奉りし猿田毘古《の》大神は、専ら顕《あら》はし申せし汝《いまし》送り奉れ。

Ⓔ　ここに天津日高日子番能邇邇藝能命《あまつひこひこほのににぎのみこと》、笠沙《かささ》の御前《みさき》に、麗《うるは》しき美人《をとめ》に遇《あ》ひたまひき。

通説に従って整理すると、

Ⓐの「御前に仕え奉らむ」は、「先導する」。
Ⓑの「御前に立ちて仕え奉りき」は、「先導する」。
Ⓒの「笠沙の御前」は、「笠沙の岬」。
Ⓓの「この御前に立ちて仕え奉りし」。は、「先導する」。
Ⓔの「笠沙の御前」は、「笠沙の岬」。

同じ「御前」という言葉が、ⒶⒷⒹでは位置的な前後の「前」、ⒸⒺでは地形的な「岬」と、二とおりに解釈されている。一つの言葉が複数の意味を持ちうることは承知しているが、同じ邇邇藝命に関する一連の場面で、異なる意味に使われているとは考えにくい。

私は、Ⓐ~Ⓔの「御前」はすべて漢字の本来の意義どおり、前後の「前」と解すればよいと思う。「御前会議」の「御前」と同じだ。

そうすると、ⒶⒷⒹはよいとして、ⒸとⒺの「笠沙の御前」とは、どちらも、「笠沙様がおられる、その前のところ」という解釈になる。

私流にⒸとⒺを訳せば、

Ⓒは、「ここは、韓国に向かい、笠沙様がおられる、その前のところを真っすぐに通って、……」。

Ⓔは、「邇邇藝命は、笠沙様がおられる、その前のところで、麗しい女性に出逢った」ということになる。

「恣意的なこじつけだ」と言われるかもしれないが、一連の場面で使われている同じ言葉を、そのときどきで二とおりの異なる解釈をするのと、どちらが恣意的だろうか。

「それでは、笠沙様とは誰のことだ」と問われれば、今のところわからないが、邇邇藝命にとっては、きわめて敬愛すべき存在だったのだろう。

新しい元号「令和」の典拠となった『万葉集』の梅花歌三十二首のうちの一首を詠んだ歌人に、「笠沙弥《かさのさみ》」という人がいた。沙弥（さみ、しゃみ）は仏教語で、仏門に入って得度し、まだ具足戒を受けていない僧。男性を沙弥、女性を沙弥尼。

たぶん、直接の関係はないのだろうが、「笠沙」を地名に限定して考えなくても、人名の可能性も考えてよいのではないか。

「笠沙の御前」を「笠沙の岬」と解し、鹿児島県薩摩半島に「笠沙」という地名があることから、その近くの野間岬が比定されているようだが、「韓国（朝鮮半島）に向かひ」のところが九州南部ではおかしいと思う。

最初の場面について書かれた原文の、従来の読みかたと、私の解釈の読みかたとを比較しておきたい。

〔従来の読みかた〕

①大国主神　④坐　②出雲之　③御大之御前　⑤時。

（①大国主神が　②出雲の　③美保の岬に　④おられた　⑤とき）

〔私の解釈〕

大国主神①　坐出雲之②　御大之③　御前④　時⑤。

（①大国主神が　②出雲に坐しまし　③御大の　④みまえに　⑤いたとき）

大国主神が、御大神である須佐之男命の面前に控えていたときに、不審な船が接近してきたという急報がもたらされたのである。

（12）大神

「大神」について、もうすこし書き加えておきたい。

意外なことに、大国主神は、『古事記』においては、その登場から姿を消すまで、「大神」とは呼ばれていない。

それとは対照的に、何度も「大神」と書かれているのは、「須佐之男命」である。

大国主神が須佐之男命と出会う場面を、〔倉野〕から引用する（脚注は省略する）。

（A）「須佐能男《すさのをの》命の坐《ま》します根《ね》の堅州《かたす》国に参向《まゐむか》ふべし。必ずその①大神、議《はか》りたまひなむ」とのりたまひき。故《かれ》、詔《の》りたまひし命《みこと》の随《まにま》に、須佐之《の》男命の御所《みもと》に参到《まゐいた》れば、その女《むすめ》須勢理毘売《すせりびめ》出で見て、目合《まぐはひ》して、相《あ》婚ひたまひて、還り入りて、その父に白《まを》しく、「甚《いと》麗しき神来《き》ましつ」とまをしき。ここにその②大神出で見て、「こは葦原《あしはら》色許男《しこを》と謂ふぞ」と告《の》りたまひて、すなはち喚《よ》び入れて、その蛇《へみ》の室《むろや》に寝しめたまひき。（中略）。

③その父の大神は、已《すで》に死《みまか》りぬと思ひてその野に出で立ちたまひき。（中略）
④その大神、呉公《むかで》を咋《く》ひ破りて唾《つば》き出すと以為《おも》ほして、心に愛《は》しく思ひて寝ましき。
（中略）
⑤その大神の生大刀《いくたち》と生弓矢《いくゆみや》と、またその天の詔琴《のりごと》を取り持ちて逃げ出でます時、その天《あめ》の詔琴樹《き》に拂《ふ》れて地動《つちとよ》み鳴りき。故《かれ》、⑥その寝ませる大神、聞き驚きて、その室を引き仆《たふ》したまひき。

「大神」が六箇所出てくるが、いずれも、須佐之男命のことである。

次に、いわゆる「国譲り」の場面を、同じく〔倉野〕から引用する。

（B）その大国主神《の》に問ひて言《の》りたまひしく、「天照大御神、高木神《の》の命《みこと》もちて、問ひに使はせり。汝《いまし》がうしはける葦原中国《のつ》は、我が御子の知らす国ぞと言依《ことよ》さしたまひき。故《かれ》、汝が心は奈何《いか》に」とのりたまひき。ここに答へ白ししく、「僕《あ》は得白《えまを》さじ。我が子、八重言代主神《やへことしろぬしの》、これ白すべし。然るに鳥遊《とがり》をし、魚《な》取りて、御《み》大《ほ》の前《さき》に往きて、未だ還り来《こ》ず」とまをしき。故ここに天《の》鳥船《の》神を遣はして、八重事代主《の》神を徴《め》し来《き》て、問ひたまひし時に、⑦その父の大神に語りて言ひしく、「恐《かくこ》し。この国は、天《あま》つ神の御子《みこ》に立奉《たてまつ》らむ」といひて、すなはちその船を蹈み傾《かたぶ》けて、天《あま》の逆手《さかて》を青柴垣《あをふしかき》に打ち成して、隠《かく》りき。

（A）の引用部分で、「その大神」と呼ばれているのは、①～⑥のいずれも須佐之男命である。

ところが、（B）の場面になると、通説は⑦の「その父の大神」を、八重事代主神の父親の大神、つまり大国主神と解釈している。

しかし、これまで一度も「大神」とは呼ばれていない大国主神が、ここだけいきなり「大神」になるのはおかしいのではないか。

（B）の⑦の「その父の大神」も、（A）の①～⑥の「大神」と同様に、須佐之男命のことだと考えるべきではないだろうか。「その父の大神」は、「大国主神の父の大神」ではないか。

大国主神は、国譲りを天照大御神に迫られて、その判断を、子供たちに任せたのではなく、あまりにも重大な事態なので、義父で大神である須佐之男命の決裁を仰いだのである。原文に、「我子八重言代主神、是可白。然為鳥遊取魚而、往御大之前、未還来」とあるのは、八重言代主神は、鳥と遊んだり、魚釣りを楽しんだりするために美保の岬に行っているのではなくて、大国主神に代わって御大神の須佐之男命の決裁を仰ぐために、その御前に赴き、まだ帰って来ないのである。

そして、(B)の⑦で、「その父の大神」と書かれているのは、大国主神の父という意味だけではなく、出雲には、「父の大神」と呼ばれる須佐之男命とともに、「子の大神」と呼ぶべき大神も存在していたのだ。それは大国主神ではない。大国主神は、『古事記』では大神とは呼ばれていないのだから。

しばらくは協力的であった少名毘古那神であったが、結局、常世の国に去ってしまう。大国主神は、「われ独《ひと》りで、いかにしてよくこの国を作ることができようか」と憂慮しているが、それは、少名毘古那神が去ってしまったからではないのではないだろうか。尊敬し、信頼していた須佐之男命が亡くなったからではないだろうか。

大国主神が、「われ独りで……」と憂慮しているときに、海を光《てら》して依《よ》り来る神が現われる。その神の出現の次に、「こは御諸《みもろ》山の上《へ》に坐《ま》す神なり。故《かれ》、その大年神《おほとしの》、神活須毘《かむいくすびの》神の女伊怒比売《むすめいのひめ》を娶《めと》して生める子は……」と、須佐之男命の御子の大年神の系譜が長々と書かれている。

通説のように、少名毘古那神が去ったために憂慮しているとすれば、その場面で大年神の系譜が長々と書かれているのは唐突だ。

須佐之男命が亡くなったために憂慮しているのなら、その実子の大年神の系譜が書かれていても、それほどの違和感は生じない。

その系譜は、「こは、御諸山の上に坐す神なり。故、その大年神……」という出だしから始まる。この文章の流れから見ると、大国主神の前に現われて、御諸山に坐す神は、大年神の可能性も考えられると思う。

父の大神の須佐之男命が亡くなった後も、その実子の大年神が遜色なく人々から心服されたのだろう。

第四章

アヂスキタカヒコネの怒り

（1）大国主神の子供たち

『古事記』には、大国主神の系譜をまとめて記載している段がある。

故《かれ》、この大国主神《の》、胸形《むなかた》の奥津宮《おきつみや》に坐《ま》す神、多紀理毘売命《たきりびめの》を娶《めと》して生める子は、阿遅鉏《あぢすき》高日子根神《たかひこねの》。次に妹高比売命《いもたかひめの》。亦の名は下光比売命《したてるひめの》。この阿遅鉏高日子根神《の》は、今、迦《か》毛大御《ものおほみ》神と謂ふぞ。大国主神《の》、また神屋楯比売命《かむやたてひめの》を娶《めと》して生める子は、事代主神《ことしろぬしの》、また、八島牟遅能神《やしまむぢの》の女《むすめ》、鳥耳神《とりみみの》を娶して生める子は、鳥鳴海神《とりなるみの》。

この後、鳥鳴海神から続く系譜が書かれている。
この記述によると、大国主神は、三人を娶り、それぞれに子神が生まれたようで、系図を作成してみると、次頁のようになる。
これを見ていると、いくつかの疑問が出てくる。

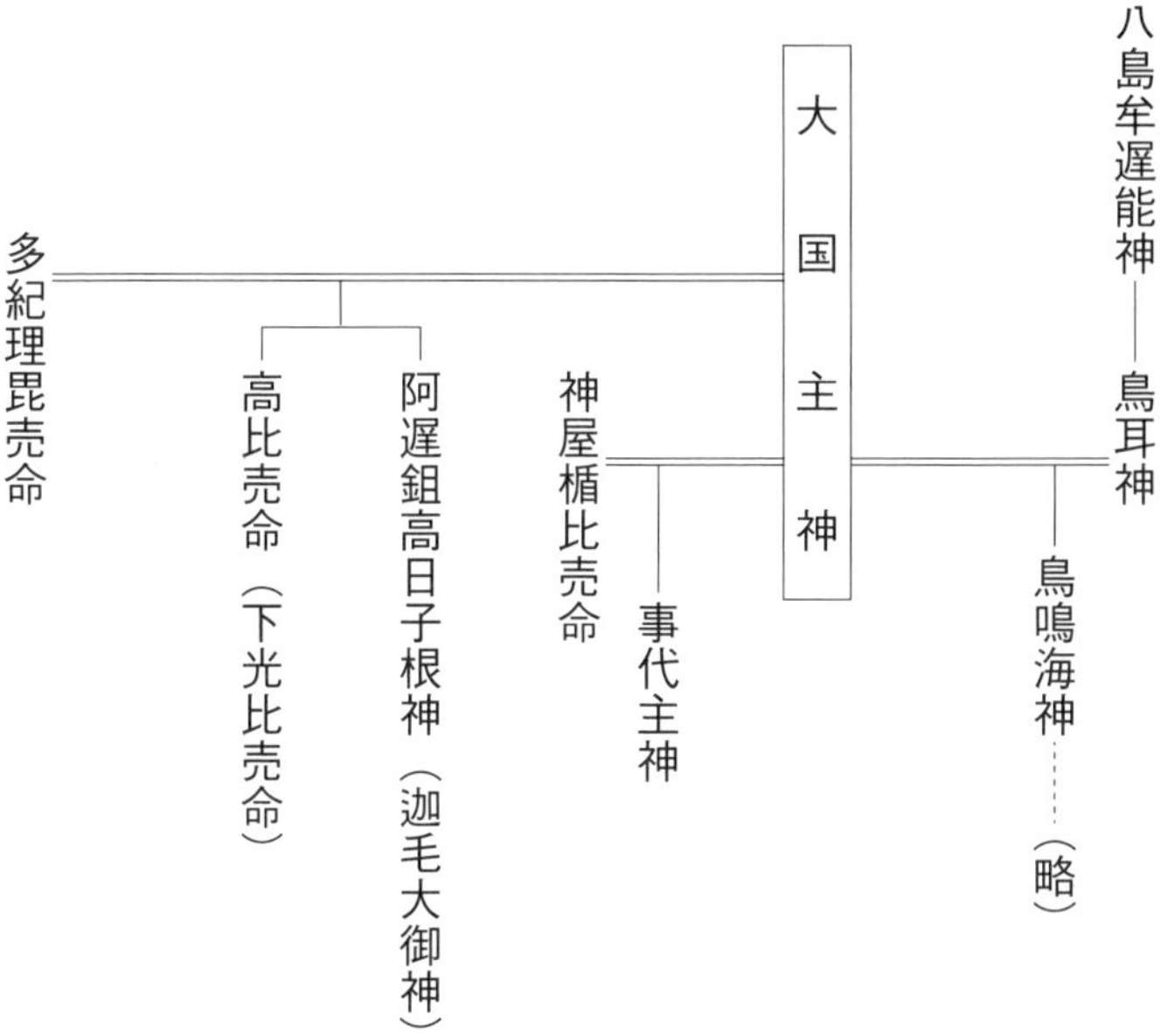
八島牟遅能神
鳥耳神
鳥鳴海神
（略）
大国主神
事代主神
神屋楯比売命
阿遅鉏高日子根神（迦毛大御神）
高比売命（下光比売命）
多紀理毘売命

まず、第一に、須佐之男命の娘の須勢理毘売《すせりびめ》の系譜が書かれていない。苦労して手に入れた正妻のはずなのに、御子神が生まれなかったのだろうか。その一方で、鳥耳神を娶って生まれた鳥鳴海神から続く系譜が長々と書かれている。『古事記』全体としては印象が薄い神だが、こちらが本流になったのだろうか。

次に、高天原からの国譲りの要求に猛然と反発し、使者の建御雷神《たけみかづち》らと戦った建御名方《たけみなかた》神も抜けている。大国主神自身が建御雷神らに「また、我が子、建御名方神あり」と言っているのに。御柱祭で有名な諏訪大社に祭られている神様なのに。

さらに、阿遅鉏高日子根《あぢすきたかひこね》神については、系譜に最初に挙げられ、「今、迦毛大御神と謂ふぞ」と、わざわざ注が付けられている大御神にもかかわらず、重大な国譲りの交渉の最終段階には姿を現さない。

しかも、大国主神は、八重言代主神と建御名方神の二柱の神を「我が子」と呼んでいるが、建御雷神らに「今汝《いまし》が子、事代主神、かく白《まを》しぬ。また白すべき子ありや」と問われたのに対して、「また我が子、建御名方神あり。これを除きては無し」と答えており、阿遅鉏高日子根神については全く言及していない。

このように、いくつかの疑問点があるが、本章はこの阿遅鉏高日子根神について考えてみたい。

（2）乱暴者

阿遅鉏高日子根神《あぢすきたかひこね》は、ある説話のキャストとして登場するが、とんでもない乱暴者だ。

国譲りに先立ち、説得のために高天原から天若日子《あめのわかひこ》が派遣されるが、あろうことか、大国主神の娘の下照比売《したてるひめ》（高比売）を娶って八年間復奏しない。雉が遣わされて詰問すると、天若日子は弓矢でその雉を射殺してしまう。

雉を射抜いた矢は、高天原の天照大御神と高御産巣日神《たかみむすひの》がいるところまで飛んでいった。高御産巣日神が、その矢を投げ返すと、寝ていた天若日子の胸に命中し、天若日子は死んでしまった。

葬儀の場へ、おくやみを言うために阿遅志貴高日子根神《あぢしきたかひこね》が訪れたが、天若日子にあまりにも似ていたために間違えられる。

「私を死人と間違えるとは、なにごとだ」と大いに怒って、剣を抜き、喪屋を壊して、足で蹴とばし、飛び去った。

いくら似ているからといっても、実の親や妹が見間違うのはすこしへんだと思うが、弔問に来ていながら、その喪屋を壊し、足で蹴とばすのは、あまりにも乱暴だ。大御神という尊称にふさわしくない行動だ。なんのために来たのだ。そして、なんのために、こんな話が書かれているのだ。

阿遅志貴高日子根神が飛び去ったとき、妹で、死んだ天若日子の妻の高比売が歌を詠んだ。

天《あめ》なるや　弟棚機《おとたなばた》の　項《うな》がせる　玉の御統《みすまる》　御統に　穴玉はや　み谷　二《ふた》渡らす　阿治《あぢ》志貴高《しきたか》　日子根《ひこね》の神ぞ。

〔倉野〕からの引用だが、脚注の口語訳および説明で、「天上界にいるうら若い機織り女が、頸にかけておいでの一本の緒に貫き統《す》べた首飾りの玉。首飾りの玉よ、ああ。その玉のように谷二つにも渡って照り輝いておいでのアジシキタカヒコネの神である。この歌は雷神の電光を讃嘆したもの」としている。

夫の突然の死で、悲しみにくれる中、その葬儀をメチャメチャにぶち壊した相手を讃嘆したりするだろうか？　女性の首飾りの玉にたとえて？　私には合点できない。

この歌の原文を〔倉野〕より掲載しておく。

阿米那流夜《あめなるや》　淤登多那婆多能《おとたなばたの》　宇那賀世流《うながせる》　多麻能美須麻流《たまのみすまる》　美須麻流邇《みすまるに》　阿那陀麻波《あなだまは》
夜《や》　美多邇《みたに》　布多和多良須《ふたわたらす》　阿治志貴多迦《あぢしきたか》　比古泥能迦微曽《ひこねのかみぞ》也。

（3）高比売の歌

くり返すが、厳粛な葬儀をぶち壊すといった、子供じみたことをするだろうか。実の妹の夫の葬儀なのだ。大御神なのだ。さらに、葬儀をぶち壊した相手を賛美するというのもへんだし、歌の内容もおかしい。ピンボケの写真を見ているような感じだ。

想像になるが、当然、神妙に弔意を表わしたのだと思う。大いに怒ったのは、高天原からの攻撃に対する怒りではないだろうか。怒って飛び出したのは、反撃をするためだ。しかし、残念ながら、戦いに敗れ、死んでしまった。

大国主神の系譜には、阿遅鉏高日子根神（アヂスキタカヒコネノカミ）と書かれていた。ところが、この説話に登場するときは、阿遅志貴高日子根神（アヂシキタカヒコネノカミ）または、阿治志貴高日子根神（アヂシキタカヒコネノカミ）と、微妙に表記が変わっている。

「シキ」は、「死き」ということではないか。

国を守るために戦ったが、敗れて、死んでしまった阿治志貴多迦比古泥能迦微《あぢしきたかひこねのかみ》を悼《いた》んで歌われた挽歌《ばんか》ではないだろうか。

また、「阿遅志貴」が、歌の中では、さらに「阿治志貴」に変わっているが、ある地域をうまく治めていた統治者のひとりだったのではないだろうか。死んでしまったが、志の貴い統治者の大御神だったのである。

このような前提のもとに、問題の歌の解釈を試みる。

何度も書いたことだが、本来の原文には、句読点などは付けられていない。区切りかたによって、異なる内容になる場合がある。

まず、原文を掲げ、その左側に逐語的に私の解釈を書いていく。

先に掲載した〔倉野〕の区切りかたとは違う区切りかたをしている。

阿米《あめ》　那流夜《なるや》　淤登《おと》　多那婆多能《たなばたの》

（天　鳴るや　音　棚畠の

宇那賀世流《うながせる》　多麻能《たまの》　美須麻流《みすまる》

促せる　魂の　御統る

美須麻流邇《みすまるに》　阿那《あな》　陀麻《だま》　波夜美《はやみ》　多邇《たに》

御統るに　あな　魂　早み　谷

布多《ふた》　和多良須《わたらす》　阿治志貴多迦比古泥能迦微《あぢしきたかひこねのかみ》　曽《そ》　也《なり》

蓋　渡らす　アヂシキタカヒコネの神　そ）

〔意訳〕

空に鳴り響く雷の音は、まだ棚田にとどまっておられる、統治者であられたかたの魂に、行けと促しているかのようだ。統治者であられたかたなのに。ああ、魂が行ってしまうのはまだ早いので、谷を閉じて、アヂシキタカヒコネの神の御魂にそこを渡らせないでください。

どうか逝かないでください。アヂシキタカヒコネの神よ。

重大な「国譲り」の決断のときにもかかわらず、阿遅鉏高日子根神が姿を現さないわけは、そのときには、すでに死んでいたからだろう。阿遅鉏高日子根神を失った大国主神は、もはや、それ以上の抗戦ができない状況になってしまったのだ。

妹の高比売命が歌ったことになっているが、国譲りを強要された出雲の人々の悲憤の歌かもしれない。

第五章

出雲の主張

（1）ちぐはぐ

大国主神は、『古事記』に書かれている分量が多く、登場する場面が多い重要なキャストなのだが、「国作り」に関しては具体的にどういったことをしたのか『古事記』にはあまり記されていない。

『古事記』では、最初、よく知られた「稲羽の素兎」のお話の主人公として登場する。

次に、八十神たちの迫害から逃げて、出雲の須佐之男命のところに行き、須佐之男命の生大刀と生弓矢と天の詔琴を奪う。そして、その大刀、弓を持って八十神を追い払い、「始めて国を作りたまひき」となって完了する。

この後は、高志の国の沼河比売に求婚したり、妻にした須勢理比売の嫉妬に嫌気がさして倭の国に行こうとしたり、少名毘古那神に出会ったりと、バタバタと賑やかに出場しているのだが、その後は国譲りをして終わる。

結局のところ、国作りに関しては、「須佐之男命の娘の須勢理比売を娶り、大神の生大刀、生弓矢、天の詔琴を奪い、その大刀、弓で八十神を追い払った」ということだけだ。

それに比べると、『出雲国風土記』では、もうすこし具体的にいろいろなことを記述している。

大原郡の城名樋《きなび》山に城を造って八十神と戦ったりしているが、越《こし》の国へも遠征したようだ。また、稲の栽培などにも力を注いだようだ。

『出雲国風土記』から、数箇所抜き書きしてみる。

・城名樋山。所造天下大神《あめのしたつくらししおおかみ》、大穴持命《おおあなもちのみこと》が、八十神《やそがみ》を討とうとして、城を造った。だから城名樋という。

・来次《きすき》郷。所造天下大神命がおっしゃられたことには、「八十神は青垣山の裏《うち》にはいさせまい」とおっしゃられて追い払う。

・拝志《はやし》郷。所造天下大神が、越の八口《やくち》を平定しようとお出かけになられた。

・母理《もり》郷。所造天下大神の大穴持命が、越の八口《やくち》を平定なさってお帰りになるときにおいでになった。

・玖潭《くたみ》郷。所造天下大神命が天御飯田《あめのみいひだ》の御倉をお造りになるための場所を求めて巡られた。

・多禰《たね》郷。所造天下大神の大穴持命と須久奈比古命が天下をお巡りになったときに、稲種をここに落とされた。

・三処《みところ》郷。大穴持命がおっしゃられたことには、「この地の田は良い。だから、私の所領として古くから治めてきた」。

地名の由来の伝承で、事実とは言い難いだろうが、大国主神（大穴持命）が行ったこととして、このように、いろいろ数多く記載している。『古事記』が肝心の国作りについて、ほとんど書いていないのとは対照的だ。

その一方で、よく知られた「稲羽の素兎」の説話は、大国主神が主人公なのに、『出雲国風土記』では一言も触れられていない。

ちぐはぐな感じだ。どういうことだ。

(2) 敗者の書

戦前、早稲田大学教授であった津田左右吉《つだそうきち》は、『古事記及び日本書紀の研究』を著わした。

当時の皇国史観の時代にあっては、その書は、皇室の尊厳を冒涜するということで発禁処分となり、津田は禁固三カ月の有罪判決を受けた。

ところが、終戦後、風向きは百八十度変った。津田の唱えた説がもてはやされ、現代の通説にまでなった。

『古事記及び日本書紀の研究』(毎日ワンズ)から、その一部分を抜粋する。

『古事記』及びそれに応ずる部分の『日本書紀』の記載は、歴史ではなくして物語である。

記紀の神代史及び上代の物語の目的は、主として皇室の起源由来とその権威の発展の情勢とを説くところにあったのである。

この津田の説を敷衍して導き出される説明の一つが、〝もともと『古事記』は、大和王朝の役人が書いたものだから、出雲の大国主神の行動など詳しく知っているわけがないし、書く必要もない。また、「稲羽の素兎」の話なども、大和王朝の役人が机上で創作したものので、出雲で伝えられていた話ではないのだから、『出雲国風土記』にその記載がないのは当然である〟というものである。

もっともらしい説明だが、私には、これらの説明では、納得できない（ただし、戦前の皇国史観に戻ろうとするのではないことはもちろんである）。

第一に、皇室の権威の高揚を図るための歴史書を書くのに、なぜ大和王朝の役人たちは、わざわざお子様向けのような童話を創作しなければならないのだ？

私は前著で、「稲羽の素兎」や「八俣の大蛇」の説話に秘められた真の姿を詳しく論述した。

これらの説話は、お子様向けのおとぎばなしではなかった。

さらに、本書第一章「黄泉の国の八雷神」で論述したとおり、八雷神の名前には、大和王朝に対する呪詛のメッセージが織り込まれていた。

津田の説、およびそれから敷衍された現代の通説が、『古事記』の数多くの謎を解き明かせない理由の一つは、『古事記』も『日本書紀』も、どちらも大和王朝の役人が書いたものだと思い込み、「記紀」と一括りにして考えているからではないだろうか。

『日本書紀』は、津田の言うとおり、皇室の由来と権威の発展を説くものかもしれない。しかし、『古事記』は違う。「記紀」と一括りにして論じられるべき書物ではない。

『古事記』は、大和王朝の役人たちによって『日本書紀』と並行して編纂された歴史書ではない。

『古事記』は、勝者の歴史書『日本書紀』に対峙して編纂された敗者の書である。

そして、『古事記』の謎を解き明かせないもう一つの要因は、〝古代人は、荒唐無稽な話を書く〟という〝上から目線〟ではないだろうか。科学の知識などは劣っていたかもしれないが、合理的に思考する能力はあっただろう。

（3）だまし討ち

第十二代景行天皇は、非常に子沢山で、八十人もの御子がいたとされる。その中に有名な倭建命《やまとたけるのみこと》（『日本書紀』では「日本武尊《やまとたけるのみこと》」）がいる。

倭建命は、景行天皇の命令で、熊曽建《くまそたける》を征伐するために西に行き、女装して酒宴の席に紛れ込み、油断させて懐に隠していた剣で熊曽建を刺し殺した。

熊曽征伐の次には蝦夷《えみし》の征伐を命じられて東に向かうが、その帰途、能煩野《のぼの》の地で病のため都にたどり着けずに非業の死を遂げた。

熊曽の征伐、蝦夷の征伐の話は、『古事記』『日本書紀』ともに記されており、倭建命は古代史屈指のヒーローである。

この倭建命が行った遠征で、『日本書紀』に記されておらず、『古事記』にだけ書かれている話がある。

それは、次のような話である。

倭建命は、熊曽を征伐した後、出雲国に行き出雲建《いずもたける》と友だちになった。そして、樫の木で木刀を作り、それを腰に帯びて出雲建を水泳に誘った。倭建命は一足先に川から上がり、出雲建が置いていた刀と、自分の木刀を取り換えて、後から上がってきた出雲建に勝負を挑み、斬り殺してしまった。

知略に勝っていることが英雄の条件の一つだとみる見解もあるようだが、この話で私が強く感じるのは、友だちになったはずの倭建命に欺かれ、殺されてしまう出雲建の驚きと口惜しさである。

友だちになったというのであれば、出雲建は倭建命とほぼ同年齢の少年であったかもしれない。弱い者が知略を巡らせて強い者を打ち負かせば痛快とも言えるが、同等もしくはそれ以下の者を欺き、だまし討ちにして殺すのは、知略の範囲を外れて、卑怯と感じられる。

『古事記』は、なぜこの話を記載しているのだろうか。

大国主神は、国譲りに際して条件を出した。自分の住居として壮大な宮殿を築造してほしい。それならば葦原中国を譲ろうというものである。そして築かれたのが出雲大社の起源とされている。

ところが、『出雲国風土記』には、多少ニュアンスが異なる文言が記載されている。母《も》理《り》郷の地名の由来の話で、所造天下大神大穴持命《あめのしたつくらししおほかみおほあなもち》（大国主神）が「我が国作りをして治めている国は、皇御孫命《すめみまの》が平和に世を治めるようさし上げる。ただし、八雲立つ出雲国は我が坐す国として、青垣山を廻らして、直接守ろう」。さらに、来次《きすき》郷の地名由来のところでは、所造天下大神がおっしゃられたことに、「八十《やそ》神は、青垣山の裏《うち》にはいさせまい」とおっしゃられて、追い払われた。

大国主神の「国譲り」の条件とは、自分のために壮大な宮殿を一つ築くと言ったものではなく、支配する国の一部を割譲するが、「出雲国だけは譲れない」と言ったのではないだろうか。

「国譲り」の結果、高天原から天孫の邇邇藝《ににぎ》命が降臨するが、天降りした場所は、出雲ではなく、竺紫《つくし》の日向の高千穂であった。

『古事記』が、『日本書紀』には見られない倭建命と出雲建の話を記載しているのは、このような条件で領地の一部を割譲したのにもかかわらず、大和王朝はそれを無視し、出雲に八十《やそ》軍を侵攻させて、だまし討ち同然にすべてを征服してしまったことに対する糾弾かもしれない。

出雲大社には大国主神が祭られているのだが、本殿は南向きなのに、その中にある神座は西向きという奇妙な配置になっている。つまり、正面（南）から参拝する人々に対して大国主神は、そっぽを向いている。

これに関して従来からいろいろな説が唱えられているようだが、愚見を重ねさせていただくと、それは、出雲から見て東の方角にある大和王朝が、出雲を欺いたうしろめたさから、大国主神に睨まれるのを恐れて、後ろ向き、すなわち、西の方角に向けさせたのかもしれない。

(4) 出雲国風土記

和銅六年(七一三年)、大和王朝から、地方の国々に対して、次のような命令が発せられたことが『続日本紀』に書かれている。いわゆる「風土記」編纂の命令である。

畿内と七道諸国の郡《こおり》・郷《さと》の名称は、好《よ》い字をえらんでつけよ。郡内に産出する金・銅・彩色(絵具の材料)・植物・鳥獣・魚・虫などのものは、詳しくその種類を記し、土地が肥えているか、やせているか、山・川・原野の名称のいわれ、また古老が伝承している旧聞や、異《かわ》った事柄は、史籍に記載して報告せよ。

この命令を受けて、各国から報告書が提出されたはずであるが、現在、ある程度まとまった形で残っているのは、「常陸《ひたち》」「出雲《いずも》」「播磨《はりま》」「豊後《ぶんご》」「肥前《ひぜん》」の五ヵ国のものだけで、このうち『出雲国風土記』が、最初の総記から最後の識語まで、ほぼ完全に残っている。その識語(奥付)には、次のとおり書かれている。

天平五年二月卅日に勘《かむが》へ造《つく》る。秋鹿《あきが》の郡の人、神宅臣金太理《みやけのおみかなたり》
国造帯意宇郡大領外正六位上勲十二等　出雲臣広島

この識語が残っているおかげで、
①天平五年（七三三年）に出雲国風土記は完成した。
②国造の出雲臣広島が編集責任者であった。
ということがわかるわけだが、このことが逆に次の二つの疑問を生じさせることになる。
①和銅六年（七一三年）に命令が出されて、天平五年（七三三年）の完成まで、二十年もかかっている。遅すぎるのではないか。
②王朝からの命令に対して、回答すべき者とは、王朝から地方に派遣されている国司ではないか。国司の名前が記されるべきところに、国造の名前が記されているのはなぜか。

これらの疑問は、もちろん従来から気付かれており、諸先生がさまざまな説を唱えておられる。たとえば、一度提出したものの、できが悪かったので突き返され、作り直したと

か。偽書説もあったようだ。

私は、この二つの疑問点と、前述した「ちぐはぐ」を一挙に解決する考えが一つあると思っている。

それは、「『出雲国風土記』は、和銅六年の大和王朝の命令に応えて編纂され、提出されたものではない」という考えである。

私は前著で、『出雲国風土記』の識語について論述した。要約して再掲する。


日付について考える。

「二月」は陰暦「如月《きさらぎ》」。すなわち、「月の如《ごと》く」である。「卅日」は、陰暦の月末の日。月が見えない闇夜の日である。つまり、「二月卅日」は、「闇夜の月の如く」である。また、「月」は「兎」でもある。さらに、「卅日」は「三十日《みそか》」。「晦日《みそか》」である。そして、「みそか」は「密《みそ》か」。「秘密」である。

「勘」は、考える、調べるという意味とともに、「誤りを正す。罪を問い糺《ただ》す」という意味もある。

「天平五年」の「五」は「誤」。「平」は、「一」と「八」と「十」に分解できる。「一」には、「すべて」という意味もある。そして、「八」と「十」を合わせると「八十《やそ》」。

まとめると、この識語は、「晦日の月の如く闇に隠された秘密を、姿を隠した兎があばき、誤りを正して、この天の下の一切の八十《やそ》に、その罪を問い糺す」。

『出雲国風土記』の識語には、八十《やそ》（大和王朝）に対する呪詛のメッセージが隠されていた。

これまで論述したように、『古事記』には、「八十《やそ》」に対する呪詛のメッセージが数多く隠し込まれている。

『古事記』は、大和王朝内で作られたものではなく、そしてまた、『出雲国風土記』も大和王朝の命令に応えて作られたものではない。

どちらも、被征服者出雲が強い意志を持って作ったものだ。互いに連携し、補完し合い、解読の鍵を提供している。連携して作られたから、重複する説話を記載する必要はなかった。いや、むしろ重複していないのは、意図的に書くことを避けたからかもしれない。

「書かれていない」という不自然さ。

「二十年の期間」という不自然さ。

「出雲国造の撰録」という不自然さ。

これらの不自然さを示すことにより、『出雲国風土記』の正体を示唆しようとしているのかもしれない。

『出雲国風土記』は、たまたま運良く残ったのではない。「出雲の主張」として大切に守り伝え、後世に遺《のこ》したのである。

（5）出雲国造神賀詞

出雲国造だけが行う特殊な儀礼に、「出雲国造神賀詞奏上」がある。国造が代替わりするときに、新しく就任する国造が都に赴き、天皇に対して神賀詞というものを奏上する。

かなり面倒なことで、まず次の国造候補は国司に率いられて都に向かい、太政官から任命を受ける。出雲国に帰ったら、一年間潔斎《けっさい》をして、また国司に率いられ、出雲の祝部《はふりべ》を百十人余り引き連れて入京し、大極殿の天皇の前で神賀詞を奏上する。さらに、翌年にもう一度同じことをくり返す。

いつから始められた儀礼かは定かではないが、記録として確認できるのが『続日本紀』にある霊亀二年（七一六年）の次の記事である。『続日本紀』（講談社学術文庫）から引用する。

二月十日　出雲国造《いずものくにのみやつこ》・外正七位上の出雲臣果安《おみはたやす》が、斎《ものいみ》をすまして神賀事《かんよごと》（治世を祝福する寿詞）を奏上した。神祇大副の中臣《なかとみ》朝臣人足《ひとたり》が、その寿詞を天皇に奏聞した。この日、百官たちも斎をした。果安以下祝部《はふりべ》に至るまで百十余人に位を進め、身分に応じて、物を賜わった。

平安時代になると、ほとんど行われなくなる。

奏上される神賀詞の内容は、次のようなものであった。

高天《たかま》の神王高御魂命《かむおやたかみむすびのみこと》の、皇御孫《すめみま》命に天の下大八島国《おほやしまぐに》を事避《ことよ》さしまつりし時に、出雲の臣等が遠《とほ》つ神、天穂比《あまのほひ》命を、国体《くにがた》見に遣はしし時に、天の八重雲をおし別けて、天翔《あまがけ》り国翔《くにがけ》りて、天の下を見廻《みめぐ》りて返事《かへりごと》申したまはく、「豊葦原《とよあしはら》の水穂の国は、昼は五月蝿《さばへ》なす水沸《みなわ》き、夜は火瓫《ほべ》なす光《かがや》く神あり、石《いは》ね・木立《こだ》ち・青水沫《あをみなわ》も事問《ことど》ひて荒ぶる国なり。しかれども鎮《しづ》め平《む》けて、皇御孫命に安国《やすくに》と平らけく知ろしまさしめむ」と申して、己《おのれ》命《みこと》の児天夷鳥命《みこあめのひなとり》に布都怒志《ふつぬし》命を副へて、天降《あまくだ》し遣はして、荒ぶる神等《かみども》を撥《はら》ひ平《む》け、国作らしし大神をも媚《こ》び鎮《しづ》めて、大八島の現《あき》つ事・顕《うつ》し事、事避《ことよ》さしめき。

いったい、なんのために大がかりで、面倒なことをくり返し何度も行うのだろうか。

一般的な理解は、「国譲り」を行った出雲に対して、そのことを忘れさせないために、出雲国造だけに課せられた、服属儀礼というものだ。

それで間違っていないかもしれないが、私は、「出雲国造《いずものくにのみやつこ》神賀詞《かんよごと》」を、「出雲国造《いずものくにつくらしし》神賀詞《かみいわうことば》」と読みたい気がしてしかたがない。

つまり、「出雲国造《いずものくにのみやつこ》神賀詞」を、「出雲国造／神賀詞《かんよごと》」と区切るのではなく、「出雲《いずもの》／国造神《くにつくらししかみを》／賀《いわう》／詞《ことば》」と区切ってはどうかと思うのである。

「神賀詞」の中にも、「国作らしし大神」という言葉があるが、『出雲国風土記』に頻出するのが、「所造天下大神《あめのしたつくらししおほかみ》」である。

出雲国造は、大和王朝の天皇や居並ぶ高官たちの面前で、堂々と、「出雲の『国造らし神』を賀《いわ》う詞《ことば》」を唱え、「この国を造ったのは、出雲の神だ」と言い放つのである。

『日本書紀』でも、神代上第八段で、

> 一書《あるふみ》に曰はく、大国主神《おほくにぬしのかみ》、亦《また》の名《みな》は大物主神《おほものぬしのかみ》、亦は国作大己貴命《くにつくりのおほあなむちのみこと》と号《まう》す。（中略）
> 夫《か》の大己貴命と、少彦名命《すくなびこなのみこと》と、力を戮《あは》せ心《こころ》を一《ひとつ》にして、天下《あめのした》を経営《つく》る。

崇神天皇の段で、

天皇《すめらみこと》、大田田根子《おほたたねこ》を以《も》て、大神《おほみわのかみ》を祭《いはひまつ》らしむ。是《こ》の日《ひ》に、活日《いくひ》自《みづか》ら神酒《みわ》を挙《ささ》げて、天皇に献《たてまつ》る。仍《よ》りて歌《うたよみ》して曰《い》はく、

此の神酒《みき》は　我が神酒《みき》ならず　倭成《やまとな》す　大物主《おほものぬし》の　醸《か》みし神酒《みき》　幾久《いくひさ》　幾久《いくひさ》

と書く。

「正史」の『日本書紀』が、「倭を成したのは、大物主（＝大国主神、国作大己貴命）である」と容認している。

第六章

忘れられた銅鐸

（1）埋められた銅鐸

銅鐸が作られ始めたのは、およそ紀元前四〇〇年頃、終わったのが紀元後二〇〇年代はじめ頃とされる。弥生時代である。始まりの時期については、研究者によって考えに違いがあるようだが、終わりの時期については、だいたい一致しているようだ。しかも、忽然と、いっせいに姿を消したとされる。

また、多くの銅鐸が、鰭の部分を上下にした、非常に不安定な姿勢で横に寝かせ、丁寧に埋納されたと思われる状態で発見されている。ところが、それとは矛盾するかのように、穴があけられたりするなど、故意に破壊されたと思われるものも多い。これらのことは、銅鐸をとりまく大きな謎となっている。

なぜ、いっせいに姿を消したのか。なぜ故意に破壊されたのか。なぜ丁寧に埋められたのか。なんのために作られ、どのようにして使われたのか。

そして、『古事記』は銅鐸について記載していないとされているようだが、はたして、それは正しいのだろうか。

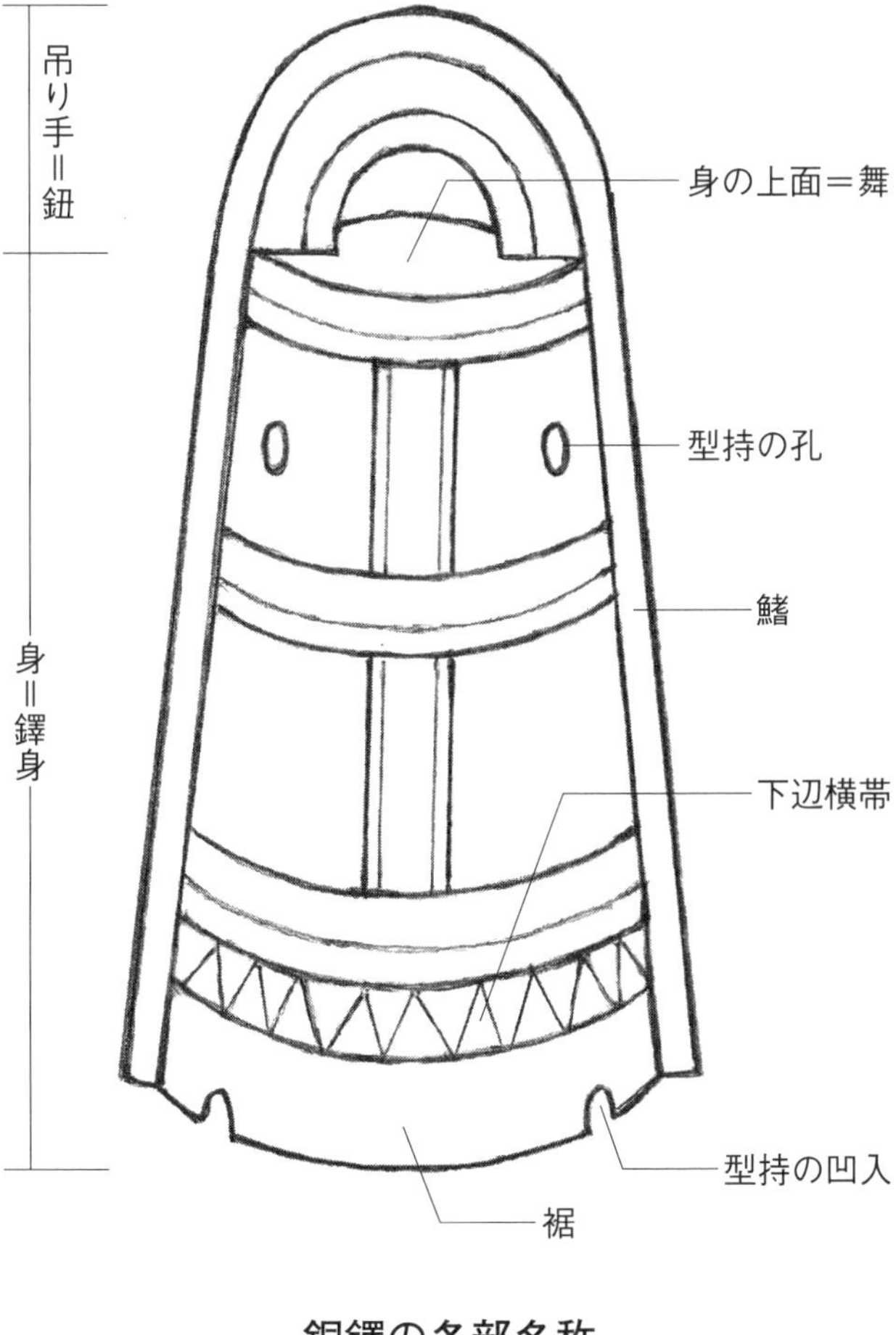
吊り手＝鈕
身＝鐸身
身の上面＝舞
型持の孔
鰭
下辺横帯
型持の凹入
裾

銅鐸の各部名称

（2）天之日矛

天之日矛《あめのひぼこ》は、『古事記』および『日本書紀』ともにその記事があるのだが（『日本書紀』の表記は「天日槍」）、須佐之男命や大国主神などと比べて、あまり知名度が高くないので、知らないかたもおられるかもしれない。

兵庫県豊岡市の出石《いずし》神社に祭られており、兵庫県北部の但馬《たじま》地域ではよく知られた存在である。

まず、天之日矛の登場の経緯を『古事記』の応神天皇の段から要約して紹介する。

昔、新羅《しらぎ》の国王の子の天之日矛が渡来した。その理由は、新羅に阿具沼《あぐぬま》という沼があって、ひとりの女がその沼のほとりで昼寝をしていて、日光によってみごもり、赤い玉を生んだ。それを見ていた男が、その玉を譲り受けて、腰につけていた。その男は、山に田を作っていて、耕作人たちの飲食物を牛に積んで山に入ったところ、天之日矛に出会った。

天之日矛は、「おまえは、この牛を殺して食べようとしているのだろう」と疑って、この男を捕え、牢屋に入れようとした。この男は釈明したが許してもらえない。腰につけていた赤玉を差し出して、ようやく許された。

天之日矛が赤玉を持ち帰ると、その玉は美しい乙女になった。そこでその女を妻にすると、妻はいつもおいしい食事を作って天之日矛に食べさせていた。そのうち、天之日矛は、心がおごってきて、妻を罵るようになった。妻は、「そもそも、私はあなたの妻になるべき女ではありません。自分の祖先の国に行きます」と言い、小舟に乗って逃げ、日本に渡って難波にとどまった。

天之日矛は妻を追って日本に渡り、難波に行こうとしたが、渡《わたり》の神にさえぎられて難波に入れなかったので、但馬に行ってとどまった。

天之日矛が持って来た宝物は、玉を緒に貫いたもの二つ、浪振る領巾《ひれ》、浪切る領巾、風振る領巾、風切る領巾、奥津《おきつ》鏡、辺津《へつ》鏡、合わせて八種である。

奇妙な話であるが、私が取り上げたいのは、天之日矛が持って来たという八種の宝のことである。その箇所だけ原文を書いておく。

故、其天之日矛持渡来物者、玉津宝云而、珠二貫、又振浪比礼、（比礼二字以音。下效此）切浪比礼、振風比礼、切風比礼。又奥津鏡、辺津鏡、并八種也。

八種のうち、特に「領巾《ひれ》」（原文は比礼）に注目したい。

領巾については、大国主神が須佐之男命の試練にあい、蛇の室や呉公《むかで》と蜂の室に入れられたとき、須勢理比売《すせりひめ》から領巾（比礼）を授けられて、それを振って蛇や呉公や蜂を追い払った場面がある。

〔倉野〕の脚注では、「領巾は上古女子が頸にかけたマフラーのようなもの」としている。逃げられた妻を追いかけてきた天之日矛が、妻の機嫌を取るために、玉のネックレスやマフラーや鏡といった女性に喜ばれそうな品々を持参したかのようだ。

天之日矛が持参した比礼は、振浪比礼、切浪比礼、振風比礼、切風比礼であった。女性のマフラーのように、ヒラヒラしたものが、波を切ったり、風を切ったりするのにふさわしいといえるだろうか。違和感を覚える。

「比礼」は「領巾」のことだという理解で本当に正しいのだろうか。

(3) 比礼

天之日矛は「比礼《ひれ》」を持参したのだが、「ひれ」と読む漢字に「鰭《ひれ》」がある。「魚《うおへん》」のとおり、魚が泳ぐために、背鰭や腹鰭などが胴体に付いているが、銅鐸にも「鰭」と呼ばれる部分が、鰈《かれい》や鮃《ひらめ》の鰭のように、胴体の左右両側に付いている。

銅鐸の外見上の特色として、その文様や、描かれた絵画、上部の鈕《ちゅう》(吊り手)などが注目され、学問的な研究、分類がされているが、両側に鰭状に出ている部分も目立つところである。しかも、多くの銅鐸が、鰭の部分を上下にし、非常に不安定な姿勢で、横に寝かせて丁寧に埋められた状態で発見されているという。

『古事記』の作者は、銅鐸の「鰭」に着目し、隠語として、「比礼《ひれ》」を使っているのではないだろうか。

隠語は、あからさまに表現したくない場合や、親しみを交えた略語などとして、特定の仲間内だけに通じる符丁として用いられる。

考古学者は、青銅器を「青モノ」といい、家電業界では、洗濯機や冷蔵庫などを「白モノ」という。天文学者は星を観測し、刑事はホシを追う。越後屋は正月に切り餅を食べ、悪代官にキリモチを贈る。

『古事記』の作者には、「銅鐸」という言葉を使いたくない（または、使えない）事情があったのではないだろうか。

（4）銅鐸の発見

『続日本紀』は、『日本書紀』に続く第二の日本紀という意味合いで、文武天皇の元年（六九七年）から、桓武天皇の延暦《えんりゃく》十年（七九一年）まで九十五年間の歴史を、全四十巻に収めた編年体の勅撰史書である。延暦十六年（七九七年）に完成したとされる。

続日本紀の後、日本後紀・続日本後紀・日本文徳天皇実録・日本三代実録と書き継がれ、日本書紀と合わせて、これらを「正史」として、「六国史」と呼ぶ。

その『続日本紀』の、元明天皇和銅六年（七一三年）七月の記事に、大倭国宇太郡で銅鐸が発見されたことが書かれている。

宇治谷孟著『続日本紀　全現代語訳』（講談社学術文庫）より引用する。

「七月六日　大倭国宇太《うだ》郡波坂《なみさか》郷の人、大初位上の村君《むらのきみ》東人《あずまひと》は、長岡《ながおか》野《の》の地で銅鐸を得て献上した。高さ三尺・口径一尺で、その造りは普通と異っており、音色は律呂《りつりょ》（楽のきまり）にかなっている。そこで担当の官司（雅楽寮）に勅《みことのり》して収蔵させた」

この記事が正史に書かれた銅鐸の最初とされている。「銅鐸」という言葉が使われており、「律呂にかなう」と書かれている。おそらく、美しい音色で、音程も確かなものだったのだろう。この頃には、銅鐸は楽器だと認識されたようだ。

(5) 鐸

『古語拾遺《こごしゅうい》』は、平城《へいぜい》天皇の朝儀についての召問に対し、祭祀関係氏族の斎部《いんべ》広成が、大同二年(八〇七年)に撰上した書物である。

その『古語拾遺』に、天照大御神の天の岩屋戸の場面が書かれており、そこに、「鐸」という言葉が使われている。

該当箇所を引用する(西宮一民校注 岩波文庫)。

天目一箇神《あめのまひとつのかみ》をして雑《くさぐさ》の刀《たち》・斧及鉄《をのまたくろがね》の鐸《さなき》(古語に、佐那伎《さなき》といふ)を作らしむ。(中略)手に鐸着《さなきつ》けたる矛を持ちて、石窟《いはや》の戸の前に誓槽《うけふね》(古語に宇気布禰《うけふね》といふ。約誓《うけひ》の意《こころ》なり)覆《ふ》せ、庭燎《にはび》を挙《とも》して、巧《たくみ》に俳優《わざをき》を作《な》し、相与《あひとも》に歌ひ舞はしむ。

西宮は、脚注で、「鐸」について「大鈴」とし、さらに補注で次のとおり説明している。

「鐸―注によるとサナキと訓む。鉄製であったので『鉄鐸』二字に対する注と見れば、二字一訓としてサナキと訓んでもよい。しかし今は、下文に『鐸』一字も見えるので、一字一訓とする。ただし、サナキがサナギか不明。もし『鳴く・鳴る』と関係ありとすれば、サナキと清音がよい。『鐸』は説文に『大鈴也』とあるように、文字からすれば、大きな鈴の意。大治本華厳経に『鈴鐸、〔上須受《すず》、下奴弖《ぬて》〕』とあるように、ヌテとも言ったことがわかる。『奴弖《ぬて》ゆらく』（顕宗記、歌謡）や『鐸石別命《ぬてしわけのみこと》』（垂仁紀十五年）等の如く、ヌテの例が多い。そこで、ヌテとサナキとどう違うのか。ヌテは呼鈴的な用途に室に取り付けられ、サナキは矛に取り付けられたのではないかと思う。延喜式、四時祭下、鎮魂祭条に『大刀一口。弓一張。箭二隻。鈴廿口。佐奈伎廿口。……宇気槽一隻。……』とある『佐奈伎』の個所に、九条家本は『戈の如き物なり』と傍書している。この傍書は、『ホコのような物だ』と説明しているのであるが、『佐奈伎』がホコなのではなく、そのホコに取り付けられた大鈴を以て『佐奈伎』と称しているのではないかと考えると、サナキはホコに取り付けられた大鈴について言う名であって、その点が同じ鈴のヌテと異なるのであろうと思う」

右の補注は、わかりにくく、いささか混乱しておられるようだ。

まず、脚注で、「鐸」は「大鈴」としている。

そして、読みは『古語拾遺』自体に付けられた注から「サナキ」と読む。続いて、華厳経の「鈴鐸〔上須受《すず》、下奴弖《ぬて》〕」を引用して、「ヌテ」とも言ったと述べる。「サナキ」も「ヌテ」も「鐸」の読みかただと言いながらも、「ヌテとサナキとどう違うのか」と続けて、その区別についての見解を展開している。

「鐸」のうちに、「ヌテ」と「サナキ」の二とおりがあったと思い込んだためにそうなったのだろう。

華厳経は、「鈴はスズと読み、鐸はヌテと読め」と言っており、鈴と鐸の区別をしている。

また、延喜式のほうも、「鈴廿口、佐奈伎廿口」として、やはり鈴と佐奈伎《さなき》を別のものとして区別している。

華厳経も延喜式も、鈴と鐸は別のものだと認識しているが、どちらも「ヌテ」と「サナキ」が別のものだと言っているわけではない。

私の考えは、華厳経は鐸を「ヌテ」と読み、延喜式や『古語拾遺』は「サナキ」と読んでいるだけのことだ。「ウオ」も「サカナ」も「魚」だ。違いはない。

鈴と鐸は別のものであるが、どちらも鎮魂祭で使われた。けっして室に取り付けた呼鈴ではない。

『古語拾遺』の記述に戻る。

「(天鈿女命《あめのうずめのみこと》は) 手に鐸《さなき》着《つ》けたる矛を持ちて」とあるから、祭祀の道具として、あまり大きくなく鐸を取り付けた矛を片手に持ち、(書かれていないが) もう一方の手には鈴を持っていたのだろう。

『古語拾遺』を書いた斎部広成は、鐸は矛に取り付けて祭祀に使うものだと認識していたのだ。

(6) 白和幣、青和幣

高天原で乱暴なことをした須佐之男命に憤慨した天照大御神は、天の石屋戸《いわやと》に籠ってしまい、このため世の中は真っ暗闇になってしまった。神々は対策を協議し、天宇受売命《あめのうずめのみこと》に天の石屋戸の前で滑稽な踊りを演じさせることにした。

そのときの舞台道具は次のようなものであった。『口語訳　古事記』(三浦佑之訳・注釈　文藝春秋　以下〔三浦〕と略す)、および〔倉野〕から当該箇所を引用する(脚注は後に列記する)。

〔三浦〕

天の香山《かぐやま》に生えている大きなマサカキ①を根つきのままにこじ抜いての、そのマサカキの上の枝には八尺《やさか》の勾玉の五百箇《いほつ》のみすまるの玉を取りつけての、中の枝には八尺《やあた》の鏡を取り掛けての、下に垂れた枝には、白和幣《しろにきて》②、青和幣《あおにきて》を取り垂らしての、そのいろいろ

な物を付けた根付きマサカキは、フトダマが太③御幣《ふとみてぐら》として手に捧げ持っての、（後略）

① マサカキ　榊のこと。マはほめ言葉。

② 白和幣、青和幣　和幣は、糸を束ねた神への捧げ物で、白和幣はコウゾの繊維、青和幣はアサの繊維を用いて作る。

③ 太御幣　立派な神への捧げ物。

〔倉野〕

天の香山の①五百箇真賢木《いほつまさかき》を根《ね》こじにこじて、上枝《ほつえ》に八尺の勾璁の五百箇の御統《みすまる》の玉を取り著《つ》け、中枝《なかつえ》に②八尺鏡《やたかがみ》を取り繋《か》け、下枝《しづえ》に③白和幣《しらにきて》、青和幣《あをにきて》を取り垂《し》でて、この種種《くさぐさ》の物は、布刀玉命《ふとだまのみこと》、太御幣《ふとみてぐら》と取り持ちて、（後略）

① 枝葉の繁った常磐木を根のまま掘り取って。

② 書紀には「八咫鏡」とある。大きな鏡の意か。

③ 木綿（ユウ）と麻。

〔原文〕

天香山之五百津真賢木矣、根許士爾許士而、於上枝、取著八尺勾璁之五百津之御須麻流之玉、於中枝、取繫八尺鏡、於下枝、取垂白丹寸手、青丹寸手而、此種種物者、布刀玉命、布刀御幣登取持而、（後略）

根のまま掘り取った真賢木に、いろいろな物を取り付けた「布刀御幣」は据えつけられたものではなくて、布刀玉命が手に持っていたようだ。取り付けられた物には、「御統の玉」や「八尺鏡」もあるが、今、考えたいのは「白和幣」と「青和幣」のことである。〔三浦〕も〔倉野〕も、植物繊維から作られ、ヒラヒラとした幣束（神祭用具。紙または布を切り、細長い木にはさんでたらしたもの）をイメージしているようだ。

しかしながら、幣束は普通は白いもので、「白和幣」はよいとしても、「青和幣」というような青いものは、あまりないだろうと思う。

NHKで、二〇一九年二月に放映された「歴史秘話ヒストリア　まぼろしの王国　銅鐸から読み解くニッポンのあけぼの」という番組を見ていたら、銅鐸の復元を試みる場面があった。

石の鋳型から取り出された直後の復元銅鐸は、銀色に輝いていた。銀《しろがね》色の銅鐸である。「白和幣」とは、ヒラヒラした幣束ではなく、鋳造されて間のない、銀色に輝く新しい銅鐸のことではないだろうか。

そして、「青和幣」のほうは、鋳造後、時を経て、全体に緑青《ろくしょう》（銅や銅合金の表面にできる青緑色のサビ）がうきでた、まさに青銅器の銅鐸ではないだろうか。

新旧の銅鐸を取り付けた布刀御幣を、布刀玉命が振って、音を鳴り響かせ、天照大御神に聞かせるとともに、天宇受売命の踊りの伴奏にしていたのではないか。

「風振る比礼」と「風切る比礼」である。

『古語拾遺』では、天鈿女命自身が「鐸着けたる矛」を手に持っていた。

実は、『古事記』の原文は「白和幣、青和幣」とは書いていない。原文は、先に掲載したとおり、「白丹寸手、青丹寸手」と書かれている。

「和幣」の表記があるのは『日本書紀』である。『日本書紀』は、同じ天石窟の場面で、

「青和幣、（和幣、これを尼枳底《にきて》と云ふ）白和幣を懸でて……」と書いている。

通説の発想は、この二つの記事を結合して、「丹寸手《にきて》」↓「尼枳底《にきて》」↓「和幣」↓「幣束」と連想してしまったのではないだろうか。

「鐸」は「ヌテ」とも読んだ。「ヌテ」と「ニキテ」は、なんとなく似ているといえなくもない。

（7）浪振る比礼、浪切る比礼

鳥取県米子市淀江町の角田遺跡で出土した弥生土器に描かれていた絵について、考古学者の森浩一と石野博信が話題にしている。二人の対談をまとめた『対論　銅鐸』（学生社）から一部分を抜粋する。

森　その土器に、島根県美保神社の神事に使われる諸手船と同じように漕ぐ船が描かれているのですね。その船がまもなく到達するところに高い建物があって、その後ろに大型の建物があって、その後ろの大木に何か木の葉のようなものが二つぶらさがっている。それを銅鐸と言う人があるんですが、あれはどうでしょうかね。

石野　鰭が両方にあるわけですが、銅鐸を埋めた状態は、外から見るとああいうふうに見えるけれども、現実にはあんなふうには見えませんから。

森　あれがもうすこし下のほうが水平にかいてあれば、ぼくも銅鐸をぶらさげてあるというふうに思うけれども。しかし、あれが銅鐸でなければ何かという問題は残るわけです。まさか木の葉ではないわけですから。そうなると、やっぱり銅鐸の可能性はあるなあ。

石野　そうすると、船と航海にからむ銅鐸としてわかりやすいのですけれどもね。出土地から考えると、その可能性は見ておかなければいけないでしょうね。

船を漕ぐ風景に描かれているものが銅鐸であるならば、「浪振る比礼、浪切る比礼」に相応しい。

お二人は断定しておられないが、出土した弥生土器に描かれているものが銅鐸である可能性は相当高いと思う。

農耕祭祀といった単純な目的だけのために作られたものではないのだろう。

土器に描かれている絵

(8) 呼びリンを鳴らす

『古事記』の作者は「比礼」を銅鐸の隠語として使ったのではないかと述べたが、実は、『古事記』にも「鐸」が使われているところがある。

第二十三代顕宗天皇の段に書かれている話である。〔倉野〕から引用する。

この天皇、その父王《ちちみこ》市《の》辺《の》王の①御骨《みかばね》を求めたまふ時、淡海国《あふみの》にある賤《いや》しき老媼《おみな》、参出《まゐで》て白しけらく、「王子《みこ》の御骨《みかばね》を埋《うづ》みしは、専《もは》ら吾《あれ》よく知れり。またその御歯をもちて知るべし。②〔御歯は三枝の如き押歯にましき〕」とまをしき。ここに民《たみ》を起こして土を掘りて、その御骨を求めき。すなはちその御骨を獲《え》て、その蚊屋野《かやの》の東の山に、御陵を作りて葬《ほふ》りたまひて、韓俗《からぶくろ》の子等《こども》をもちてその陵を守らしめたまひき。然《さ》て後にその御骨を持ち上《のぼ》りたまひき。故、還り上りまして、その老媼《おみな》を召して、その失はず見置きて、その地《ところ》を知りしを誉《ほ》めて、名を賜ひて③置目老媼《おきめのおみな》と号《なづ》けたまひき。仍《よ》りて宮の内に召し入れて、孰《あつ》く広く慈《めぐ》びたまひき。故、その老媼の住める屋は、近く宮の辺に作りて、日毎に必ず召しき。故、鐸《④ぬりて》を大殿の戸に懸けて、その老媼を召さむと欲《おも》ほす時は、必ずその鐸《ぬりて》を引き鳴らしたたまひき。

①御屍。

②瑞香料の灌木で、枝が三つ叉になっている。

③目をつけておいたおばあさん。

④大鈴。

顕宗天皇は、雄略天皇に殺された父の市辺忍歯王が埋められた場所を覚えていた老婆を誉めて、宮の近くに住まわせ、戸に鐸を吊るしておき、話を聞きたくて呼び出したくなったときには、その鐸を引き鳴らしたというのだ。まさに、呼びリンである。

『日本書紀』にも同様の話が書かれているが、音が鳴るのだから、そんな使いかたもできなくはないだろうが、本来の鐸の使いかたとは違っている。

『古事記』の作者は、そのことを十分に承知のうえで、あえて、この話を書いているのかもしれない。

神聖な銅鐸が、本来の使いかたではなく、呼びリンのごとく使用されていることに対する憤りから書いたのかもしれないと考えるのは、あまりにも想像しすぎだろうか。

（9）怨念

『古事記』の作者にとって、鐸または銅鐸とは、単に音が鳴ればよい呼びリンのごときものではないのだ。

初期の頃は、手のひらほどのサイズの銅鐸を矛に取り付け、それを振って音を鳴らし、祭祀を行っていた。

天之日矛が持って来たのは、振浪比礼、切浪比礼、振風比礼、切風比礼であった。

その後、銅鐸は矛から独立して、文様や絵画、飾耳を付けるなどの装飾が施され、大型化していくとともに、部族の統合の象徴として、神聖視されるものとなっていった。

しかし、突如としてそれらを手放さなければならない事態が訪れた。

征服者の侵略である。

多くの銅鐸が、穴があいたり、いくつもの破片となった状態で発見されている。

しかし、銅鐸は丈夫なもので、ハンマーでたたいたくらいでは穴があいたりするものではないそうだ。四〇〇度以上の高温に熱してから、大型のハンマーを両手で持って、力いっぱい打ち下ろすと穴があく。

目の前で、神聖な銅鐸が火に炙られ、大きな鉄槌を振り下ろされて穴をあけられた。

こなごなに破壊されて、無惨な状態になったものもある。

破壊されてしまった銅鐸、なんとか敵の目を逃れた銅鐸を、ひそかに目立たない場所に運び、涙を流しながら、土の中に丁寧に埋納したのである。

あたかも、『古事記』の中に、ひそかに「比礼」を埋め込んだように。


忘れられたのは、銅鐸の使いかたなどだけではない。

その中に封じ込められた被征服者の遺恨、怨念である。

『日本書紀』の作者たちは、そのことを知っていた。知っていたから、黙殺し、「鐸」とは書かずに、「和幣」と書いて、「尼枳底《にきて》」と読ませた。

『古事記』の作者には書くことができなかった。あからさまに書けなかったから、「鐸」と書かず、隠語を使って「比礼」と書いた。

『続日本紀』の作者たちは知らなかった。すこし変わった形だと思いながらも、美しい音色の楽器だと思い、七一三年の発見を無邪気に書き記した。

『古語拾遺』に、「鐸着けたる矛（着鐸之矛）」と書いた祭祀関係氏族の斎部広成は、九世紀のはじめ頃に、鐸の使いかたを知っていて、それを書くことができた。

一九八四年、島根県の神庭荒神谷遺跡《かんばこうじんだに》で、三五八本もの多量の銅剣が整然と埋納されているのが見つかり、当時の考古学者たちを驚かせた。また、翌年に同じ遺跡から、銅矛十六本、銅鐸六個が出土した。

さらに、一九九六年、荒神谷遺跡から、わずか三キロメートルほどの加茂岩倉《かもいわくら》遺跡からは、三九個もの銅鐸が発見された。

『出雲国風土記』に、大原郡神原郷の地名の由来が次のように記されている。

古老伝《ふるおきなつた》へて云《い》へらく、『天下造《あめのしたつく》らしし大神《おほかみ》の御財《みたから》を積《つ》み置《お》き給《たま》ひし処《ところ》なれば、神財郷《かむたからのさと》と謂《い》ふべし。而《しか》るに、今《いま》の人《ひと》、猶誤《なほあやま》てり」といへり。故、神原《かむはら》と号《な》を云《い》ふ。

(古老が伝えて言うには、所造天下大神《あめのしたつくらししおおかみ》が、神《かみ》の御財《みたから》を積み置かれたところである。それで神財《かんたから》の郷というべきだが、今の人はただ誤って神原郷と言っているのである)

整然と埋められていた大量の銅剣、銅矛、銅鐸が、「大神《おほかみ》の御財《みたから》」かもしれない。弥生時代からの伝承が『出雲国風土記』に書き記され、現代にその姿を顕わしたのかもしれない。

第七章

古代の天皇

（1）古事記「序」の天皇

三浦佑之は、『古事記』の本文の内容と、添えられた「序」との差違について、くり返し指摘している。そして、その差異は、本文が撰録された後、数十年を経て、全く別人が、本文を十分に理解していないままに「序」を書き加えたためだという異説を提唱している。同氏の著書『古事記のひみつ』（吉川弘文館）から要約する。

「序」の冒頭に掲げられた古事記の内容紹介では、そこにいわゆる「出雲神話」が全く含まれていないのは、古事記の性格を見誤っているのではないかと思わせる。

古事記上巻において出雲神話が占める意味はわかっていなければならない。

同様の齟齬は、中・下巻の紹介のしかたにおいても見出せる。中巻については、カムヤマトイハレビコ（神武《じんむ》）の東征（熊野から吉野へ）、ミマキイリヒコ（崇神《すじん》）の夢と神祇祭祀、ワカタラシヒコ（成務《せいむ》）が境を定め邦《くに》を開いたという記事をとり上げている。また、下巻については、オホサザキ（仁徳）の炊煙《すいえん》のこと、ヲアサヅマワクゴノスクネ（允恭《いんぎょう》）

が姓《かばね》を正し氏《うじ》を撰んだという記事をとり上げる。右のような部分を選んで要約記事を書くというのは、いかにも不審であると言わざるをえない。全体からみれば取るに足りない記事を選んで引くのは、古事記本文をきっちり理解していない人物が、適当にピックアップして紹介したとしか考えられない。

「序」の冒頭に置かれた内容の紹介は、本文とのあいだに大きな齟齬をもつ作文である。そしてそうなってしまったのは、本文を撰録あるいは執筆した人物と、「序」を執筆した人物とが別人であるからだと考える以外に理由を見出せない。

三浦が、その多数の著書でくり返し主張しているのにもかかわらず、通説の側からの明快な反論は、私の知る限り、なされていないようだ。かといって、賛同者が多いわけでもないようだ。いわば、黙殺された状態のようだ。

出雲神話について「序」が全く触れていないのは、触れていないことそのものに意味があるのかもしれない。あえて触れないことによって、逆に、読者に不審をいだかせて、「八俣の大蛇」や「稲羽の素兎」などの説話の解読を促そうとしているのかもしれない。

私は、前著で、これらの説話の解読を試みた。

本章では、三浦が〝取るに足りない記事を選んで、適当にピックアップして紹介した〟として切り捨てている天皇について、私なりに考えたことを提案したい。

（２）等差数列

『古事記』の「序」で事績が取り上げられている天皇は、初代神武《じんむ》天皇、第十代崇神《すじん》天皇、第十三代成務《せいむ》天皇、第十六代仁徳《にんとく》天皇、第十九代允恭《いんぎょう》天皇の五人であった。

『古事記』にも『日本書紀』にも、系譜のみで事績が記されていない第二代綏靖《すいぜい》天皇から第九代開化《かいか》天皇までは「欠史八代」と言われ、その実在性は薄く、第十代崇神天皇が、『古事記』に「所知初国天皇《はつくにしらししすめらみこと》」、『日本書紀』に「御肇国天皇《はつくにしらすすめらみこと》」と書かれていることから、崇神天皇を事実上初代の天皇とみる有力な説がある。

「序」には、初代神武天皇と、欠史八代の天皇を除く第十代崇神天皇から第十九代允恭天皇までの、三代目ごとの天皇が取り上げられている。

この関係は、次の簡単な数式で書き表わすことができる。

$$N=3k+1$$

k＝0のとき、N＝1。第一代　神武天皇。
k＝3のとき、N＝10。第十代　崇神天皇。
k＝4のとき、N＝13。第十三代　成務天皇。
k＝5のとき、N＝16。第十六代　仁徳天皇。
k＝6のとき、N＝19。第十九代　允恭天皇。

「序」に取り上げられた五人の天皇の代は、例外なく右の数式に合致している。もしも無作為に選べば、ひとりの天皇の代が右の数式に合致する確率は三分の一。五人とも合致する確率は三分の一の五乗、つまり二四三分の一。約〇・四パーセントである。偶然とは思えない。適当にピックアップされたのではないだろう。

次の試みとして、続きの数を順次kに代入していく。簡単に、表の形で書く。

kの値	Nの値	天皇の代	天皇名
7	22	第二十二代	清寧《せいねい》天皇
8	25	第二十五代	武烈《ぶれつ》天皇
9	28	第二十八代	宣化《せんか》天皇
10	31	第三十一代	用明《ようめい》天皇
11	34	第三十四代	舒明《じょめい》天皇
12	37	第三十七代	斉明《さいめい》天皇
13	40	第四十代	天武《てんむ》天皇
14	43	第四十三代	元明《げんめい》天皇

（3）後を継ぐ者

それでは、「序」に挙げられた五人の天皇および順次導き出された天皇たちに共通することはなんだろうか。

私は、それは、後継者をめぐるゴタゴタ、あるいは、断絶ではないかと思う。

以下は、天皇の事績などは『古事記』よりも『日本書紀』のほうが詳しく記述している場合が多いので、適宜『日本書紀』を参考にしながら書く。

なお、この章では、『古事記』を『記』、『日本書紀』を『紀』と略記する。

① 第一代　神武《じんむ》天皇

『記』『紀』ともに最初に記される初代天皇。『紀』は、「始駆天下之天皇《はつくにしらすすめらみこと》」と記す。九州の日向を出発して東に向かい、大和に都を開く。いわゆる「神武東征」だが、もちろん無人の荒野を開拓したわけではない。大和の登美にいた豪族の那賀須泥毘古《ながすねびこ》（長髄彦）をはじめ、先住民たちとの戦いにあけくれている。

『紀』は、長髄彦の言葉として、

「昔、饒速日命《にぎはやひのみこと》が、天磐船《あまのいわふね》に乗って、この地に天降った。私は饒速日命を君《きみ》として奉《つか》えている。天神の子に二種あろうか。おまえは、天神の子と称して、この地を奪おうとしているのだろう」

長髄彦の言葉によれば、神武天皇より先に、天神の子の饒速日命が大和に君臨していたという。神武天皇はその後継者ということになる。

神武天皇が亡くなった後、早速、後継者争いが生じている。

神武天皇は、東征の前、日向にいたときに、阿比良比売《あひらひめ》（吾平津媛《あひらつひめ》）という妻がいて、多藝志美美命《たぎしみみの》（手研耳命《たぎしみみの》）という子が生まれていた。大和で即位した後、皇后として娶った比売多多良伊須気余理比売《ひめたたらいすけよりひめ》（媛蹈鞴五十鈴媛《ひめたたらいすずひめ》命）との間に、神八井耳命《かむやゐみみの》（神八井命）、神沼河耳《かむぬなかはみみ》命（神渟名川耳尊《かむぬなかはみみの》）が生まれた。

異母兄弟の間で後継者争いが起こり、多藝志美美（手研耳）を殺した神沼河耳（神渟名川耳）が、第二代の綏靖《すいぜい》天皇として即位する。

②　第十代　崇神《すじん》天皇

『記』では、「初国知《はつくにし》らしし御真木天皇《みまきのすめらみこと》（所知初国之御真木天皇）」、『紀』では、「御肇国《はつくにしらす》天皇《すめらみこと》」と書かれている。第二代綏靖天皇から第九代開化天皇までの間は、系譜のみで、その事績が『記』『紀』ともにほとんど記録されていないことから、この間は「欠史八代」と呼ばれて、実際は崇神天皇が第一代天皇とみる説が有力である。

この天皇のとき、第八代孝元天皇の子、建波邇夜須毘古命《たけはにやすびこ》（『紀』は武埴安彦命《たけはにやすびこ》）が反逆の戦を起こすが、事前に察知されて敗死し、反乱軍は壊滅する。

③　第十三代　成務《せいむ》天皇

第十二代景行天皇の皇子で、倭建命《やまとたける》（日本武尊）の異母弟である。事績としては、『記』『紀』とも、地方の国造《くにのみやつこ》、県主《あがたぬし》（稲置《いなぎ》）を設置したことや、国と国との境界を設けたことぐらいで、記事は短い。

亡くなった後は、男子がいなかったのか、倭建命の子が第十四代仲哀《ちゅうあい》天皇となる。『記』では、大和から離れている「近つ淡海の志賀の高穴穂宮《たかあなほ》（滋賀県大津市）に坐しまして天の下治《し》らしめき」と書かれており、その実在を疑う見解もある。

④ 第十六代　仁徳《にんとく》天皇

墳丘の長さ四八六メートル、日本最大の前方後円墳である大山古墳《だいせん》（世界文化遺産・大阪府堺市）が仁徳天皇陵に比定されている。

仁徳天皇が高い山に登って国中を見ると、民家からは炊事のための煙が上っていない。「人民はみな貧窮している。三年の間、租税、使役を免ぜよ」と命じた。その結果、人民は富み、課税、使役に苦しむことがなくなり、「聖帝《ひじりのみかど》」とたたえられたという。

第十五代応神《おうじん》天皇の皇子女は、『記』は二十六人、『紀』では二十人にのぼったというが、その中でも、皇位の継承者となるような子が三人いた。大山守命《おほやまもり》（大山守皇子）、大雀命《おほさざき》（大鷦鷯天皇《おほさざきのすめらみこと》）、宇遅能和紀郎子《うぢのわきいらつこ》（菟道稚郎子皇子《うじのわきいらつこのみこ》）である。

応神天皇は、年下の宇遅能和紀郎子を可愛く思い、後継者に指名した。応神天皇の死後、皇位継承から外されていた大山守は、これを不満として、皇位簒奪《さんだつ》を決意し、兵を起こしたが、宇遅能和紀郎子と大雀命は協力して大山守を討った。

そののち、宇遅能和紀郎子と大雀命は互いに皇位継承を譲り合って、三年の間決まらないという異常事態となった。

『記』は、宇遅能和紀郎子が夭折したとし、『紀』は、自殺したとして、やむなく大雀命（仁徳天皇）が即位したとしている。

⑤ 第十九代　允恭天皇《いんぎょう》

第十六代仁徳天皇の子で、第十七代履中《りちゅう》天皇、第十八代反正《はんぜい》天皇の同母弟。

事績としては、盟神探湯《くかたち》（神に祈誓したうえで熱湯に手を入れさせ、正邪を判断する占い）を実施させて、人々の氏《うじ》や姓《かばね》を正した。

この天皇の即位については、病弱を理由に固辞し続けていたが、皇位を空位にしておくわけにはいかないからと、后や群臣等が再三にわたって強く要望し、拒みきれずに即位したとされる。

適当な皇位継承候補者が他にいなかったのだろうか。

允恭天皇は、皇子の木梨軽王《きなしのかる》を皇位継承者に定めていたが、木梨軽王は允恭天皇の崩御直後に不詳事を起こし、群臣等の人望は弟の穴穂命《あなほ》に移った。木梨軽王は穴穂命を襲おうと兵を起こしたが、群臣等の支持を得られず、穴穂命にほろぼされる。

皇位は、穴穂命（第二十代安康《あんこう》天皇）、弟の大長谷命《おおはつせ》（第二十一代雄略天皇）へと引き継がれていく。

⑥ 第二十二代　清寧天皇《せいねい》

雄略天皇の皇太子。

『記』には、清寧天皇自身の事績といえる記事は書かれていない。

『紀』では、雄略天皇の崩御後、異母弟の星川皇子が皇位を簒奪しようとしたため、これを討って即位した。

しかし、『記』は、「皇后なく、また御子もなかりき」と書き、『紀』にも「子《みこ》なき」と書かれており、皇統断絶寸前であった。

それを救ったのが、父の市辺忍歯《いちべのおしは》王を雄略天皇に殺されたために、播磨に逃げて隠れ住んでいた意祁《おけ》王、袁祈《をけ》王の兄弟である。

弟の袁祁王が先に即位して第二十三代顕宗《けんぞう》天皇となり、兄の意祁《おけ》王が第二十四代に仁賢《にんけん》天皇となる。

⑦ 第二十五代　武烈《ぶれつ》天皇

仁賢天皇の皇子。

『記』にはなんの事績もなく、「太子《ひつぎのみこ》なかりき」、「日続《ひつぎ》知らすべき王《みこ》なかりき」と、くり返す。

『紀』のほうは、なんの事績もないどころか、残虐非道の天皇として書かれ、「頻《しきり》に諸《もろもろ》の悪《あしきこと》を造《し》たまふ。一《ひとつ》も善《よきこと》を脩《をさ》めたまはず」とさえ書かれている。

〝皇室の由来とその権威の発展を語る〟はずの「正史」である『紀』の記述として異常なことである。

悪行を尽くしたあげく、後継ぎを残さないまま武烈天皇は亡くなる。またもや皇統断絶の危機が訪れた。

近つ淡海国にいた、応神天皇の五世の子孫の袁本杼命《をほどの》を探し出し、ようやくのことで迎え入れることができた。こうして即位したのが第二十六代継体《けいたい》天皇である。

⑧ 第二十八代　宣化《せんか》天皇

継体天皇の第二子。兄の安閑《あんかん》天皇に後継ぎがなかったので即位した。『記』には、安閑天皇、宣化天皇とも系譜などを記すだけで、事績はない。『紀』では、宣化天皇は人格者であったとされ、各地の屯倉《みやけ》に食糧などを移送して、非常時に備えさせた。また筑紫の防備をかため、新羅の侵犯に苦しむ任那、百済を救援した。

ところで、『紀』の継体天皇の段の末尾に、奇妙な記述がある。

「百済本記《くだらほんき》を取りて文を為《つく》れるなり。其の文に云へらく、（中略）又聞く、日本の天皇および太子・皇子、倶《とも》に崩薨《かむさ》りましぬといへり。（中略）後《のち》に勘校《かむが》へむ者、知らむ」

このとおりなら、継体天皇、安閑天皇、宣化天皇らは同時に死んだことになる。

なぜ、『紀』は、わざわざ外国の書物を引用して奇妙な記事を書き入れたのだろうか。しかも、〝後世の者は考えて解明するだろう（後勘校者知之也）〟という謎かけのような言葉を添えて。

また、安閑天皇（二十七代）、宣化天皇（二十八代）、欽明天皇（二十九代）は兄弟で、この順に即位したはずだが、『記』は継体天皇（二十六代）の御子を挙げ、〝この中に〔欽明天皇〕天の下治らしめき、次に〔安閑天皇〕天の下治らしめき、次に〔宣化天皇〕天の下治らしめき〟と書き、『紀』の順序と違っている。この時期に、なんらかの混乱があったのだろうか。

⑨ 第三十一代　用明《ようめい》天皇

『記』は、第三十三代推古天皇まで巻を閉じるが、安閑天皇のあたりからは、ほとんど系譜や陵墓のことを記すのみで、事績の記述はない。ここからは、主に『紀』の記載するところによる。

用明天皇は、欽明天皇の皇子で、母親は蘇我稲目《そがのいなめ》の娘の堅塩媛《きたしひめ》。敏達《びだつ》天皇（第三十代）の弟である。また、有名な厩戸《うまやど》皇子（聖徳太子）の父である。

『紀』の冒頭に、「天皇、仏法を信《う》けたまひ、神道を尊びたまふ」と書かれている。病弱であったためか、二年ほどしか在位していない。

用明天皇の即位の際にも、もめ事が起こっている。敏達天皇が崩御した際、やはり欽明天皇の子で、用明天皇には異母弟にあたる穴穂部《あなほべ》皇子が皇位を望み、穴穂部皇子をおす物部守屋と、それに反対する蘇我馬子、厩戸皇子らとが対立する。

⑩ 第三十四代　舒明《じょめい》天皇

敏達天皇の孫で、押坂彦人大兄《おしさかのひこひとおおえ》皇子の子。

推古天皇の治世が長く、皇太子に立てられていた厩戸皇子（聖徳太子）はすでに亡くなっていた。その後、皇太子を立てないまま推古天皇は崩御したので、皇位継承をめぐって紛糾した。

厩戸皇子の長男が山背大兄王《やましろのおおえ》である。

有力な天皇候補者であったが、蘇我馬子らは田村皇子（舒明天皇）を支持し、大臣の蘇我蝦夷《えみし》は、群臣らに、どちらがふさわしいか協議したが意見はまとまらなかった。

蝦夷は自分の意思表明に慎重であったが、結局、終始、山背大兄王を推していた境部摩理勢《さかいべのまりせ》を滅ぼし、田村皇子を即位させた。

⑪ 第三十七代　斉明《さいめい》天皇

第三十五代皇極《こうぎょく》天皇が重祚《ちょうそ》して斉明天皇となった。夫は舒明天皇。中大兄皇子《なかのおおえ》（天智天皇）、大海人皇子《おおあま》（天武天皇）の母親である。

皇極天皇であったとき（六四五年）、中大兄皇子と中臣（藤原）鎌足らが、蘇我入鹿《いるか》を殺した「乙巳の変《いっしのへん》」が起きた。これを機に、皇位を弟の軽皇子（孝徳天皇）に譲ったが、孝徳天皇の崩御ののち、再び即位し、斉明天皇となった。

土木工事に異常な熱意を注ぎ、多くの人夫を使役に動員して長大な運河を築いたりしたため、人々は、「狂心の渠《たぶれこころのみぞ》」と誹謗したという。

さらに、六六〇年に滅ぼされた百済の復興を支援すべく、大軍を派遣し、自らも中大兄皇子らとともに九州に赴いたが、滞在先の朝倉宮で崩御した。

戦いの結果も、新羅・唐の連合軍に完敗であった（六六三年、白村江の戦い）。

⑫ 第四十代　天武天皇

幼名を大海人皇子《おほしあまのみこ》といい、舒明天皇の第二子で、母は斉明（皇極）天皇。中大兄皇子（天智天皇）の同母弟であるが、この兄弟の仲は悪い。

天智天皇は、大海人皇子を、「東宮《まうけのきみ》」としていたが、実子の大友皇子がいて、晩年は大友皇子に皇位を継がせたいと願ったようだ。

日本最初の漢詩集『懐風藻』（編者不明、七五一年成立）の冒頭は、大友皇子作の二首であるが、「伝記」が付けられており、妙な話を記している（江口孝夫訳注、講談社学術文庫）。

　皇子はある夜夢をみた。天の中心ががらりと抜けて穴があき、朱い衣を着た老人が太陽を捧げもって、皇子に奉った。するとふとだれかが腋の下の方に現われて、すぐに太陽を横取りして行ってしまった。驚いて目をさまし、怪しさのあまりに内大臣の藤原鎌足公に事こまかに、この旨をお話しになった。内大臣は歎きながら、

「恐らく天智天皇崩御ののちに、悪賢い者が皇位の隙をねらうでしょう（略）」

と申し上げた。（中略）

年二十三のときに皇太子になられた。

最晩年、病に倒れた天智天皇は、大海人皇子を呼んで、皇位継承を促したが、これを罠だと察した大海人皇子は辞退し、出家すると言って吉野に隠棲した。ある人がこれを聞いて、「虎に翼を着けて放てり」と言ったという。

天智天皇崩御ののち、大海人皇子はすみやかに行動を起こし、東国に逃れて兵力をまとめ、一気に近江朝を攻め落とした。六七二年の「壬申《じんしん》の乱」である。

勝利した大海人皇子は、飛鳥浄御原宮《あすかきよみはら》を造営し、ここに壬申の乱の翌年、即位して、天武天皇となった。

通説の「序」の解釈によれば、『古事記』編纂の端緒を開いた天皇である。

⑬ 第四十三代　元明天皇《げんめい》

天智天皇の娘で、持統天皇の妹。

第四十二代文武天皇の母親である。

文武天皇は二十五歳の若さで崩御し、御子の首皇子《おびと》（後の聖武天皇）を残していたが、首皇子はまだ幼少であったため、やむなく即位したとされている。

通説の「序」の解釈によれば、太安万侶に勅して、稗田阿礼が誦習していたものを撰録させ、『古事記』を完成させた天皇である。

おわりに

「漫画の神様」と言われた手塚治虫の代表作の一つに、『火の鳥』という長編がある。
その中の「ヤマト編」に、次のようなことが書かれている。
「もしクマソのだれかが　当時のクマソの記録を　書き残したとしたら　古代日本の歴史は　かなり変わっていたかもしれない　だが残念ながら　それは残っていない
いずれにせよ　クマソ側からみれば　ヤマト王朝のクマソ征伐は　あきらかに侵略ということができたろう
つまり……歴史とは　あらゆる角度から　あらゆる人間の側から調べなければ　ほんとのことは　わからないものなのである」

クマソの記録は抹殺されて残らなかったが、イズモの記録は、さまざまな迷彩を施すことによってヤマトの目を逃れ、今日まで残されたのではないか。『古事記』は、そんな書物ではないかと私は想像している。

本書で提出した謎解きは、ごく一部にすぎない。未解決の謎は、まだまだたくさん残っている。それだけに、謎解きの楽しみもまだまだ尽きないともいえるが、私の知識、能力、時間では、全く足りない。

本書を読んでくださった方々が、数々の謎を解かれ、さらに出版されれば、喜んで拝読させていただきたいと思う。たとえそれが私の考えとは違っていても。

著者プロフィール

坂口 進（さかぐち すすむ）

昭和25年　大阪府生まれ
大阪府立北野高等学校、神戸大学法学部卒業
著書『古事記の迷彩』（2016年　文芸社刊）

古事記と出雲と銅鐸の謎 通説を疑う

2020年 8 月15日　初版第 1 刷発行

著　者　坂口 進
発行者　瓜谷 綱延
発行所　株式会社文芸社
〒160-0022　東京都新宿区新宿1－10－1
電話　03-5369-3060（代表）
03-5369-2299（販売）

印刷所　株式会社フクイン

ISBN978-4-286-21841-0